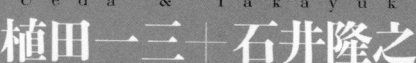

植田一三＋石井隆之
Aquaries School of Communication 学長　著　近畿大学教授

TOEIC® TEST 990点満点 英文法・語彙

上級者も苦手な文法・語法
問題を徹底攻略

必須文法、前置詞、一般語彙、派生語、多義語
ビジネスレターや言い換え問題もマスター

TOEIC is a registered trademark of Educational Testing Service (ETS).
This publication is not endorsed or approved by ETS.

プロローグ

　皆さんお元気ですか。前作『TOEIC® TEST これ1冊で990点満点』が出版されてから、リクエストをいただくようになったのが、TOEICで満点や高得点をゲットするために、リーディングセクション（Part5、6、7）の文法・語法の知識をUPするためのハイレベルな練習問題集でした。というのは市販の問題集は、全体の平均レベルが、一般的なもので600点から、高めのもので700点前後となっており、700点以上の中級者や800点以上の上級者にとっては物足りなくなり、勉強効率が非常に悪くなってくるからです。事実、7割以上の問題が「既知情報」で解けるので、500問ぐらいを収録した問題集を1冊こなしても、100問程度しかやったことにならないといった具合です。

　そこで、そういった英語学習者のニーズに応えるために、本書は730点の普通レベル問題から、難しめの860点レベルの問題、さらに最難関の950点レベルまでの問題をカバーし、730点レベル、800点レベル、860点レベル、900点レベル、950点レベルの5段階マーキングをし、全問題の平均レベルが860点レベルになるようにしました。それによって、中上級者が最大の学習効率でTOEICの高得点をとるためのトレーニングができるように工夫された画期的な1冊と言えます。

　本書は、まず、英文法一般、派生語、前置詞、多義語、一般語彙からなる「TOEIC 英文法・語法診断テスト（60問）」を通して、皆さんにそれらの知識についての自分の弱点を発見していただいた後、その苦手な項目を克服するために、厳選された大特訓問題練習、約400問を行うようになっています。そしてまた、特訓問題でも苦手な分野を発見してもらい、反復練習できるようにスコア表をつけてあります。

　英語学習者の特に苦手な、前置詞、派生語や、多義語を含む語彙問題に関しては、問題量を多くし、手ごわいと思われる問題練習を通じて一層の強化を図っています。さらに、派生語、一般語彙、多義語に関しては、解答以外の選択肢を通しても、その知識を大幅に増やすように工夫してあり、特に多義語に関しては、それぞれの語のコロケーションを記すことで、その知識を定着させるという配慮をしています。

また、**TOEIC900点以上の高得点者でも間違いの多い、Part 7の文中の「語彙の言い換え問題」**に関しては、得点率を数段**UP**させるために、難しめのものを厳選し、10問×10パートの計100問の大特訓問題を通じて、400以上の言い換えに対応できるように工夫を凝らしました（第4章、第5章）。

　さらに、上記の問題以外に、より英語学習効率を**UP**させるための非常にためになるコラムを挿入しました。まず、第2章の文法問題大特訓に関しては、各項目の重要事項のまとめによって知識の定着を図ると同時に、英文法学習上でよく起こる質問に関する答えを、実用的なコミュニケーションの見地から例を挙げて記しています。第3章の前置詞問題大特訓に関しては、TOEICで最もよく狙われるものについて、前置詞別のトップ10をフレーズで挙げています。第6章の多義語問題大特訓に関しては、英語学習者が間違いがちな紛らわしいものを取り上げて勉強効率を良くし、また語根とその知識記憶のための語呂合わせを満載することによって、TOEICボキャビル効率が高められるようにしました。

　とにかく、どのセクションをとっても、チャレンジングな問題を厳選しており、中上級レベルの人にとって、本書は勉強効率の点で他の問題集とは一線を画した、画期的な英文法・語法問題対策の1冊であるということを認識されるでしょう。そして、その「負荷（チャレンジ度）」の高さから来る、勉強効率の高さには必ずや痛感されることでしょう。

　最後に、本書の製作にあたり、問題作成全般に渡って多大な努力をしてくれたアクエアリーズスタッフの柴田哲氏（第1章、2章、3章、コラム担当）、夏山登志矢氏（第4章、第5章担当）、ミッチー里中氏（第7章ビジネスレター、コラム担当）、吉村聡宏氏（第1章、第6章担当）、楠元義明氏（第5章担当）、校正を担当してくれた田中秀樹氏および上田敏子氏、編集をしてくださった明日香出版社の小野田幸子氏には心から感謝の意を表します。それから何よりも、いつも私たちの努力の結晶である著書を愛読してくださる読者の皆さんには心からお礼を申し上げます。それでは皆さん、明日に向かって英悟の道を。

　　　Let's enjoy the process!（陽は必ず昇る！）Thank you!

平成22年11月

植田　一三

石井　隆之

もくじ

第1章 TOEIC英文法・語法診断テスト　12

1. 文法問題10問　12
2. 派生語問題10問　14
3. 前置詞問題10問　16
4. 多義語問題20問　18
5. 一般語彙問題10問　21

解答＆日本語訳　23
あなたの語彙・文法力を診断！　30

★Part 5 文法編★　33

第2章 文法問題大特訓　35

1. 時制問題大特訓　38
   - ★『時制』で高得点Get! 必須ポイント5　42
   - コラム　これであなたも英語の達人！：
     要注意！ 意味の曖昧な文を見抜く大特訓①！　43
2. 代名詞問題大特訓　44
   - ★『代名詞』で高得点Get! 必須ポイント5　48
   - コラム　これであなたも英語の達人！：
     要注意！ 代名詞の極意を学ぶ！　49
3. 呼応（パラレル構造）問題大特訓　51
   - ★『呼応』で高得点Get! 必須ポイント5　55
   - コラム　これであなたも英語の達人！：
     要注意！ 恐るべき他動詞のパワー！　56

4. 準動詞問題大特訓　*58*
　　★『準動詞』で高得点 Get! 必須ポイント5　*62*
　　コラム　これであなたも英語の達人！：
　　　　　　要注意！ 前置詞をつけると意味が変わる!?　*63*

5. 接続詞問題大特訓　*65*
　　★『接続詞』で高得点 Get! 必須ポイント5　*70*
　　コラム　これであなたも英語の達人！：
　　　　　　要注意！ 意味の曖昧な文を見抜く大特訓②！　*71*

6. 関係詞問題大特訓　*73*
　　★『関係詞』で高得点 Get! 必須ポイント5　*78*
　　コラム　これであなたも英語の達人！：
　　　　　　要注意！ 受動態の極意を学ぶ！　*79*

7. 特殊構文問題大特訓　*81*
　　★『特殊構文』で高得点 Get! 必須ポイント5　*86*
　　コラム　これであなたも英語の達人！：
　　　　　　要注意！ 難解な強調構文の極意を学ぶ！　*87*

8. 比較問題大特訓　*89*
　　★『比較』で高得点 Get! 必須ポイント5　*93*
　　コラム　これであなたも英語の達人！：
　　　　　　複雑な比較構文を見抜く大特訓！　*94*

9. 仮定法問題大特訓　*95*
　　★『仮定法』で高得点 Get! 必須ポイント5　*100*
　　コラム　これであなたも英語の達人！：
　　　　　　要注意！ 副詞の神秘を探る！　*101*

10. 可算・不可算名詞問題大特訓　*103*
　　★『可算・不可算』で高得点 Get! 必須ポイント5　*107*
　　コラム　これであなたも英語の達人！：
　　　　　　要注意！「否定」の神秘を探る！　*108*

第3章 前置詞問題大特訓　*111*

前置詞問題大特訓①　*113*
　★高得点 Get! TOEIC で狙われる for の用法 TOP10！　*117*
　★高得点 Get! TOEIC で狙われる on の用法 TOP10！　*117*

前置詞問題大特訓②　*118*
　★高得点 Get! TOEIC で狙われる to の用法 TOP10！　*122*

前置詞問題大特訓③　*123*
　★高得点 Get! TOEIC で狙われる with の用法 TOP5！　*126*

前置詞問題大特訓④　*127*
　★高得点 Get! TOEIC で狙われる of の用法 TOP5！　*131*
　★高得点 Get! TOEIC で狙われる in の用法 TOP5！　*131*

前置詞問題大特訓⑤　*132*
　★高得点 Get! TOEIC で狙われるその他の用法 TOP10！　*136*
　コラム　これであなたも英語の達人！：
　　　　　要注意！第4文型と第3文型で意味が変わる!?　*136*

★Part 5 語彙編★　*139*

第4章 派生語問題大特訓　*141*

派生語問題大特訓①　*144*
　★TOEIC 満点 Get! Part 7 パラフレーズ問題大特訓①　*148*

派生語問題大特訓②　*149*
　★TOEIC 満点 Get! Part 7 パラフレーズ問題大特訓②　*153*

派生語問題大特訓③　*154*
　★TOEIC 満点 Get! Part 7 パラフレーズ問題大特訓③　*158*

派生語問題大特訓④　*159*
　★TOEIC 満点 Get! Part 7 パラフレーズ問題大特訓④　*163*

派生語問題大特訓⑤　*164*
　★TOEIC 満点 Get! Part 7 パラフレーズ問題大特訓⑤　*168*

第5章 一般語彙問題大特訓 171

一般語彙問題大特訓①（名詞編） 173
　★ TOEIC 満点 Get! Part 7 パラフレーズ問題大特訓⑥ 178
一般語彙問題大特訓②（名詞編） 179
　★ TOEIC 満点 Get! Part 7 パラフレーズ問題大特訓⑦ 183
一般語彙問題大特訓③（動詞編） 184
　★ TOEIC 満点 Get! Part 7 パラフレーズ問題大特訓⑧ 188
一般語彙問題大特訓④（形容詞編） 189
　★ TOEIC 満点 Get! Part 7 パラフレーズ問題大特訓⑨ 194
一般語彙問題大特訓⑤（形容詞編） 195
　★ TOEIC 満点 Get! Part 7 パラフレーズ問題大特訓⑩ 198

第6章 多義語問題大特訓 203

多義語動詞超難問大特訓① 205
　★ TOEIC 満点 Get! 紛らわしい語クイズ（形容詞）にチャレンジ！① 210
多義語動詞超難問大特訓② 211
　★ TOEIC 満点 Get! 紛らわしい語クイズ（形容詞）にチャレンジ！② 216
多義語動詞超難問大特訓③ 217
　★ TOEIC 満点 Get! 紛らわしい語クイズ（形容詞）にチャレンジ！③ 222
多義語動詞超難問大特訓④ 223
　★ TOEIC 満点 Get! 紛らわしい語クイズ（形容詞）にチャレンジ！④ 228
多義語動詞超難問大特訓⑤ 229
　★ TOEIC 満点 Get! 紛らわしい語クイズ（名詞）にチャレンジ！⑤ 234
多義語動詞超難問大特訓⑥ 235
　★ TOEIC 満点 Get! 必須語根　最重要ランク1位 241
多義語動詞超難問大特訓⑦ 242
　★ TOEIC 満点 Get! 必須語根　最重要ランク2位 247
多義語動詞超難問大特訓⑧ 248
　★ TOEIC 満点 Get! 必須語根　最重要ランク3位 253

多義語動詞超難問大特訓⑨　*254*
　　★ TOEIC 満点 Get! 必須語根　最重要ランク4位　*259*
多義語動詞超難問大特訓⑩　*260*
　　★ TOEIC 満点 Get! 必須語根　最重要ランク5位　*265*

各項目別スコア表　*266*

★Part 6 ビジネスレター編★　*267*
第7章 ビジネスレター問題大特訓　*269*

レター空所補充問題大特訓①　*271*

レター空所補充問題大特訓②　*275*

レター空所補充問題大特訓③　*279*

レター空所補充問題大特訓④　*282*

レター空所補充問題大特訓⑤（ワンランク UP）　*286*

レター空所補充問題大特訓⑥（ワンランク UP）　*290*

カバーデザイン：竹内雄二

第1章

TOEIC 英文法・語法 診断テスト

さて、いよいよ TOEIC 文法・語法満点問題大特訓の始まりです。それではまず、あなたの現在の TOEIC 文法力・語彙力を測ってみましょう！ TOEIC 高得点を突破できる基礎体力をつけるには、何と言っても語彙力が重要です。この診断テストで弱点を発見し、そこを強化すればあなたの TOEIC スコアはグーンとアップするでしょう。文法、派生語、前置詞、多義語、一般語彙と全部で60問続きます。用意はいいですか？では診断テストスタート!!

1. 文法問題１０問

制限時間3分

1. Ms. Reeves of TEKCO Pharmaceutical, Ltd ------- to meet Mr. Hopper at the international airport when his plane arrives.
 (A) will be waiting　　(B) will wait
 (C) is going to wait　　(D) is waiting

2. The market research conducted last year has made it clear that most Americans prefer white wine to red -------.
 (A) one　(B) ones　(C) wine　(D) wines

3. By attending the trade show held in March, you can learn about the highly advanced technologies we are offering, as well as ------- to see renowned entrepreneurs.
 (A) to get　(B) get　(C) got　(D) getting

4. -------, Mr. Dawson in the engineering department was expected to be able to solve the most difficult problem we had ever experienced.
 (A) Competence　　(B) Competently
 (C) Competent　　(D) Competing

5. I am sure that the future of the company depends on ------- Mr. Frieman, CEO of our company, will be able to make a decision on that pending matter.
(A) if   (B) what   (C) whether   (D) where

6. The participants in the sales meeting held in Vienna had an exchange of views in German, ------- language I did not understand.
(A) whose   (B) for which   (C) of which   (D) which

7. No sooner ------- by the board of directors than the project team held the kick-off meeting at the headquarters.
(A) the project was approved
(B) the project had been approved
(C) was the project approved
(D) had the project been approved

8. Mr. Cutler, who has been a sales representative since he was transferred to the Paris office, is ------- than competent.
(A) brighter   (B) the brightest   (C) bright   (D) more bright

9. In order to achieve the sales goal for the third quarter, the company that ------- would not recruit new sales representatives will offer job openings.
(A) it   (B) only   (C) promptly   (D) otherwise

10. Mr. Parker, who was my boss in the previous company, used to do me ------- when I had trouble addressing customer complaints.
(A) many kindnesses   (B) a kindness
(C) many kindness   (D) a kindnesses

2. 派生語問題10問

制限時間3分

1. As Mr. Anderson enjoys working in the accounting division at our Atlanta office, he seems ------- to apply for a new position.
   (A) hesitated   (B) hesitance   (C) hesitant   (D) hesitation

2. The recently released film *The Man* is a faithful ------- of Kevin William's well-known play.
   (A) adaptation   (B) adoption   (C) adapter   (D) adaptive

3. The environmental department is meeting to discuss what ------- the extensive construction project will have for the forest in the city.
   (A) implicate   (B) implicated
   (C) implicating   (D) implications

4. Ms. Wilson, President of ARTOS TECH, is retiring this summer after 30 years of ------- to her company.
   (A) server   (B) service   (C) serving   (D) served

5. All business reports submitted to your superior should be written ------- so that they cannot be misunderstood.
   (A) expressive   (B) expressly
   (C) expressing   (D) expresses

6. An auditor from the municipal council is to visit our facility next month to determine whether or not ------- water-quality standards are being kept.
   (A) accepting   (B) acceptable
   (C) acceptance   (D) accepted

7. The shortage of skilled staff members is a big ------- to our business expansion into the global market.
   (A) hinder   (B) hindering   (C) hindrance   (D) hindered

8. When the lecture ------- completion, some of the attendees became restive and paid less attention to what was being discussed.
   (A) near   (B) nearly   (C) nearer   (D) neared

9. If you cancel your membership now, we will not make any refund for the ------- of the month.
   (A) remains   (B) remainder   (C) remaining   (D) remained

10. We had to remain calm and avoid becoming ------- with the representatives of our competitors at the negotiation table.
    (A) argument   (B) arguable
    (C) argumentative   (D) argumentatively

3. 前置詞問題10問

制限時間3分

1. Mr. Cutler, president of SomeTech, Inc, has decided to accept the offer ------- the objections of the development project members.
   (A) on   (B) in   (C) over   (D) at

2. All of the participants in the marketing seminar are advised to sign up at the receptionist desk ------- entering the conference room.
   (A) in   (B) about   (C) upon   (D) for

3. We can continue to export our products to European countries ------- drastic fluctuations in the dollar-euro exchange rate.
   (A) barring   (B) without   (C) on   (D) within

4. It is clear that these terms of payment in the contract could be used ------- the advantage of most consumers.
   (A) at   (B) on   (C) to   (D) for

5. Access to the confidential documents on the new development is not permitted, ------- to authorized department staff.
   (A) except   (B) with   (C) as   (D) on

6. The construction company has promptly submitted a bid ------- the government contract upon request for submission.
   (A) to   (B) in   (C) for   (D) on

7. When he decided to join the company situated far away from his hometown, Mr. Reeves did so ------- his own volition.
   (A) of   (B) for   (C) within   (D) over

8. The driving force ------- his dedicated efforts is to convince his supervisor how diligent and efficient he is.
(A) to   (B) behind   (C) in   (D) of

9. It is imperative that they complete the development project ------- the parameters of a restricted budget.
(A) under   (B) in   (C) within   (D) among

10. The development of a state-of-the-art automated assembly machine will enable our company to expand ------- the next generation.
(A) into   (B) among   (C) onto   (D) for

4. 多義語問題20問

制限時間6分

1. The dissatisfied customer filed a lawsuit against Key Jewelers because of the firm's refusal to ------- the contract for the replacement of watch batteries.
   (A) review　(B) station　(C) ratify　(D) honor

2. The start-up food company had a lot of difficulty even calling a meeting to ------- a new product to a major supermarket chain.
   (A) pitch　(B) establish　(C) channel　(D) practice

3. Thanks to Mr. Leon's admirable leadership, the company managed to ------- the economic slump at that time.
   (A) discharge　(B) undergo　(C) restore　(D) weather

4. Ms. Johnson was obliged to ------- her resignation as the chief administrative officer because of ill health.
   (A) tender　(B) thrive　(C) compromise　(D) freeze

5. The plunge in share prices has ------- speculation that the firm could be vulnerable to a hostile takeover.
   (A) hooked　(B) exercised　(C) fueled　(D) defied

6. Maylon Electronics made a decision to recall its latest model of rice cookers because it ------- a defect that could cause fires.
   (A) stationed　(B) exploited　(C) detained　(D) spotted

7. Catering for the event should be scheduled one week before the event to ------- enough time for food to be prepared and brought to the facility.
   (A) update　(B) allow　(C) redeem　(D) adopt

8. The sales manager has decided to ------- responsibility to one of his subordinates who he believes is competent and reliable enough.
   (A) admit   (B) deny   (C) pursue   (D) delegate

9. Mr. Tim Brown, a member of the HR department, ------- and selected the job applicants for the final interview.
   (A) screened   (B) suggested   (C) dismissed   (D) canceled

10. No one ------- the board's decision to replace a poorly performing CEO with an outside candidate.
    (A) agreed   (B) challenged   (C) applied   (D) collated

11. The community organization is eagerly ------- donations from local businesses to build a memorial park which honors the six brave firefighters.
    (A) granting   (B) contributing   (C) soliciting   (D) mediating

12. The regional bank was forced to sell most of the assets in order to ------- capital to offset loan losses.
    (A) waive   (B) raise   (C) review   (D) introduce

13. The shopping mall will hold a week-long event next week where 25 participating retailers will ------- exclusive merchandises.
    (A) enhance   (B) appeal   (C) feature   (D) circulate

14. The CEO of Alex Technology participated in the panel discussion and ------- his views on the current trend in IT industry.
    (A) cited   (B) bound   (C) raged   (D) aired

15. The company is planning to take some measures before fake products of its latest model ------- the market.
  (A) display   (B) flood   (C) boost   (D) infringe

16. In order to raise funds, the company plans to issue huge quantities of bonds that will ------- in five years.
  (A) enroll   (B) sustain   (C) revamp   (D) mature

17. Japan's No.2 restaurant chain plans to launch a more upscale chain to ------- to the high-end market.
  (A) charge   (B) cater   (C) fulfill   (D) cultivate

18. The company plans to establish a help desk to ------- technical questions from customers, but it doesn't have the necessary technology to implement it.
  (A) pilot   (B) field   (C) brave   (D) corner

19. One way to ease rush-hour jams is to ------- office hours, but it is hard to implement for most small and middle-sized businesses.
  (A) stagger   (B) observe   (C) declare   (D) avert

20. You are required to ------- $350 to our account as soon as possible to avoid the cancellation of your subscription.
  (A) ensure   (B) credit   (C) spread   (D) abduct

5. 一般語彙問題10問

制限時間3分

1. Employees who don't have a ------- knowledge of the company affairs are advised to attend the orientation seminar next Friday.
   (A) conscientious (B) prospective
   (C) transcendental (D) rudimentary

2. ------- instructions on the operation of the machines should be given especially to first-time users to prevent accidents and injuries.
   (A) Alternative (B) Explicit
   (C) Prestigious (D) Sophisticated

3. For the sake of work efficiency, the company had to fire some workers ------- to cold and prone to be absent from work without notice.
   (A) susceptible (B) tantamount
   (C) pertinent (D) impervious

4. The two companies in the same line of business entered into a ------- arrangement through compromise and negotiation.
   (A) subsequent (B) constrained
   (C) reciprocal (D) spontaneous

5. Some financial experts argue that Phuket has proven to be a ------- market unaffected by the economic fluctuations.
   (A) primary (B) luxurious (C) prompt (D) resilient

6. The salesperson suggested selections that would serve his customers' needs and emphasized good points, until he managed to meet his quotas by his ------- efforts.
   (A) tenacious (B) prudent (C) firsthand (D) courteous

7. The agreement that was concluded between us is only ------- and not legally binding until your initial payment has been verified.
   (A) effective   (B) tentative
   (C) principal   (D) comprehensive

8. Biodiesel as a ------- alternative energy source has been gaining worldwide recognition with the increasing environmental awareness.
   (A) viable   (B) coarse   (C) domestic   (D) grim

9. Expenditures on office supplies and stationery are all categorized as ------- expenses that will be reimbursed upon submission of the receipts.
   (A) insolvent   (B) conclusive
   (C) miscellaneous   (D) coincidental

10. Though usually stupid, Brian came up with a ------- excuse to everyone's bewilderment, when pressed to answer why he refused to follow suit.
    (A) plausible   (B) critical   (C) flimsy   (D) defective

解答 & 日本語訳

1. 文法問題10問

1. (A) 〈訳〉 ホッパー氏の乗った飛行機が到着する頃、TEKCO製薬会社のリーブス氏が彼を出迎えるため、その国際空港で<u>待っています</u>。

2. (C) 〈訳〉 昨年実施した市場調査で、たいていのアメリカ人は赤<u>ワイン</u>より白ワインを好むことが明らかになった。

3. (B) 〈訳〉 3月に開かれるトレード・ショーに参加すれば、高名な企業家に<u>会える</u>だけでなく、当社の高度な技術を知ることができる。

4. (C) 〈訳〉 技術部のドーソン氏は<u>優秀</u>なので、われわれが経験した最大の難問を解決できると期待された。

5. (C) 〈訳〉 わが社の運命はCEOのフリーマン氏が例の懸念の決断を下せる<u>かどうか</u>にかかっていることは確かである。

6. (D) 〈訳〉 ウィーンで行われた販売会議の出席者はドイツ語で意見の交換を行ったが、私には<u>その</u>言語は理解できなかった。

7. (D) 〈訳〉 重役会がそのプロジェクトを<u>承認するやいなや</u>、プロジェクト・チームは本社で第1回目のミーティングを開催した。

8. (D) 〈訳〉 パリ支店に転勤になって販売員をしているカトラー氏は、有能というよりは<u>頭がいい</u>。

9. (D) 〈訳〉 第3四半期の売り上げ目標を達成するために、その会社はもしそうでなければ販売員を募集しないのだが、募集するだろう。

10. (A) 〈訳〉 パーカー氏は私の前職での上司でしたが、顧客からの苦情を処理する際にうまくいかないときには何度も親切に助けてくれました。

2. 派生語問題10問

1. (C) 〈訳〉 アンダーソン氏はアトランタ支社の会計部門の職に満足しているので、新しい職には応募しないようです。

2. (A) 〈訳〉 最近公開された映画『The Man』はケビン・ウィリアムズのよく知られた劇の忠実な再現である。

3. (D) 〈訳〉 環境部門は広範に渡る建設計画がどのように市の森林に影響するかについて検討するために会議を開く。

4. (B) 〈訳〉 ARTOS TECH 社の社長のウィルソン氏は30年間の同社での勤務を終え、この夏に引退する。

5. (B) 〈訳〉 上司に提出するすべてのレポートは誤解されないように明確に書かなくてはいけない。

6. (B) 〈訳〉 許容できる水質基準が守られているかどうか確認するために来月、市評議会の監査員がわが社の施設を訪問することになっている。

7. (C) 〈訳〉 国際市場への事業拡大には、熟練したスタッフの不足が大きな障害となっている。

8. (D) 〈訳〉 講義が終わりに近づくと、出席者のある者はそわそわし

だし、議論への注意力も散漫になった。

9. **(B)** 〈訳〉 いま会員資格をキャンセルしても、今月の残額は一切返金いたしません。

10. **(C)** 〈訳〉 我々は交渉の席上で冷静さを保ち、競合相手の代表に対してけんか腰にならないようにしなければならなかった。

3. 前置詞問題10問

1. **(C)** 〈訳〉 SomeTech 社の社長であるカトラー氏は、開発プロジェクト・メンバーの反対を押し切ってその申し出を受け入れることに決めた。

2. **(C)** 〈訳〉 マーケティング講習会の参加者は全員、会議室に入り次第、受付にて登録を済ませてください。

3. **(A)** 〈訳〉 ドルとユーロの交換率に大きな変動がなければわが社の製品をヨーロッパに輸出し続けられる。

4. **(C)** 〈訳〉 本契約におけるこれらの支払い条件を大半の顧客の有利になるように使うことができるのは確かだ。

5. **(A)** 〈訳〉 権限を与えられた部門スタッフを除いて、新開発に関する機密文書の入手は許可されていない。

6. **(C)** 〈訳〉 その建設業者は提出の要求があり次第、迅速に政府公共事業の入札をした。

7. **(A)** 〈訳〉 リーブスさんは故郷の町から遠く離れた会社に入ろうと決めたとき、自分の意志でそうした。

8. (B) 〈訳〉 彼の献身的努力の背後にある原動力は、上司に自分がいかに勤勉で有能か納得してもらうことである。

9. (C) 〈訳〉 限られた予算の範囲内で開発プロジェクトを終了させることが必須である。

10. (A) 〈訳〉 最先端の自動組み立て装置を開発すれば、わが社は次世代へ発展できるだろう。

4. 多義語問題20問

1. (D) 〈訳〉 Key Jewelers 社が、時計のバッテリーの交換に関する契約を守らないので、不満を持った顧客はその会社を提訴した。

2. (A) 〈訳〉 その食品のベンチャー企業は、大手スーパーマーケットチェーンに新しい商品を売り込むために会合する機会を得るのにさえ大変な苦労をした。

3. (D) 〈訳〉 レオン氏の賞賛すべき指導力のおかげで、その会社は当時の経済の停滞期を乗り切ることができた。

4. (A) 〈訳〉 体調不良のために、ジョンソン氏は最高総務責任者として辞職願を提出することを余儀なくされた。

5. (C) 〈訳〉 その株価の急落は、その会社が敵対的買収の危機にさらされているのではないかという憶測をあおった。

6. (D) 〈訳〉 Maylon Electronics 社が最新モデルの炊飯器を回収することを決定したのは、火災をひき起こす可能性のある欠陥を見つけたからである。

7. (B) 〈訳〉 食材を準備して施設に運ぶための十分な時間をとるた

めに、そのイベントのケータリングはイベントの1週間前に計画されるべきである。

8. (D) 〈訳〉 その営業部長は、十分に有能で信頼に足ると思う部下の1人に責任を委譲することに決めている。

9. (A) 〈訳〉 人事部員であるティム・ブラウン氏は、その職への応募者を選別し最終面接者を選んだ。

10. (B) 〈訳〉 成果を出せないCEOを外部の候補者と交代させるという取締役会の決定に異議を唱える者はいなかった。

11. (C) 〈訳〉 その地域組織は、6名の勇敢な消防士を称えるメモリアルパークを建設するための寄付金を地元企業から熱心に集めている。

12. (B) 〈訳〉 その地方銀行は貸付損失の埋め合わせをするための資本を調達するために、資産の大半を売却しなければならなかった。

13. (C) 〈訳〉 そのショッピングモールは来週、1週間におよぶイベントを開催し、25の参加業者は限定商品を目玉として売り出す。

14. (D) 〈訳〉 Alex Technology社のCEOはそのパネルディスカッションに参加し、今日のIT産業の動向についての見解を発表した。

15. (B) 〈訳〉 その会社は最新モデルの偽物が市場に氾濫する前に何らかの手段を講じることを計画している。

16. (D) 〈訳〉 資金を調達するために、その会社は5年で満期になる膨大な量の債券を発行する予定だ。

17. (B) 〈訳〉 高所得者層の市場のニーズに応えるために、日本で業界2位のレストランチェーンはより高所得者層向けの新しいチェーンを展開しようとしている。

18. (B) 〈訳〉 その会社は顧客からの技術的な質問をさばくためのヘルプデスクを設置する計画を立てているが、それを実施するのに必要な技術を持っていない。

19. (A) 〈訳〉 勤務時間をずらすことはラッシュアワーの混雑を緩和する1つの方法だが、それを実施するのは大半の中小企業にとっては困難である。

20. (B) 〈訳〉 購読の中止を避けるために、350ドルをできるだけすぐに弊社の口座に入金してください。

5. 一般語彙問題10問

1. (D) 〈訳〉 会社運営に関して基礎的な知識を持たない職員は、来週の金曜日に開かれる説明会に出席してください。

2. (B) 〈訳〉 事故や怪我を防止するために、機械の作動に関するわかりやすい説明は、特に初めての利用者に対してなされるべきである。

3. (A) 〈訳〉 作業効率のために、その会社は、風邪にかかりやすく無断欠勤しがちな社員を解雇せざるを得なかった。

4. (C) 〈訳〉 同業種の両会社は、歩み寄りと交渉を経て相互協定を締結した。

5. (D) 〈訳〉 プーケットは、経済変動の影響を受けない回復力の早い市場であると、一部の金融専門家が主張している。

6. (**A**) 〈訳〉 そのセールスパーソンは、顧客を満足させる選択肢を示したり、セールスポイントを強調したりして、粘り強い努力で何とかノルマを達成できた。

7. (**B**) 〈訳〉 弊社とお客様が結んだ契約は、お客様からの頭金が確認されるまで仮のものに過ぎず、法的な拘束力はありません。

8. (**A**) 〈訳〉 ますます高まりつつある環境への意識とともに、バイオディーゼルは、実行可能な代替エネルギー源として、世界中で認められている。

9. (**C**) 〈訳〉 事務用品や文房具に費やされた費用はすべて、領収書を提出すれば払い戻される雑費として分類される。

10. (**A**) 〈訳〉 ブライアンは、普段は頭が鈍いのだが、皆に従わない理由を答えるよう迫られたとき、皆が困惑したことにもっともらしい口実を思いついた。

あなたの語彙・文法力を診断！

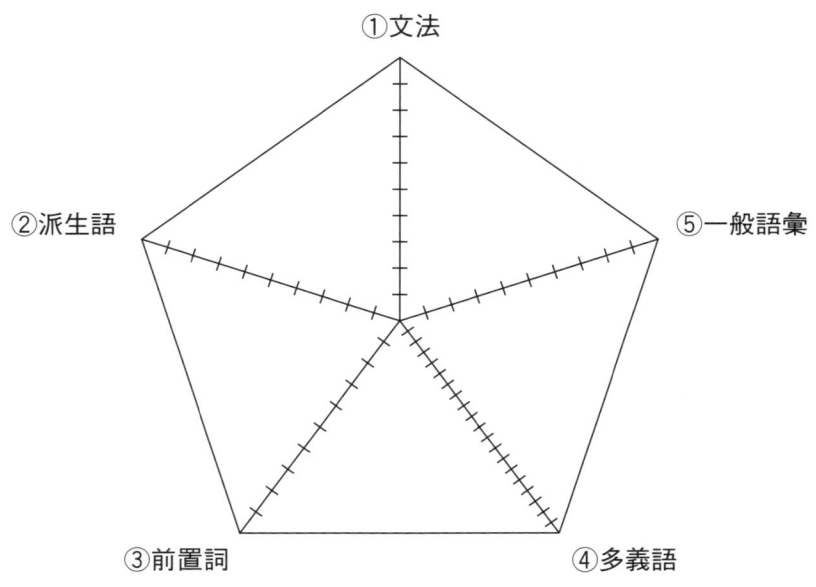

（1問1点）

正解数	評価
54点（90％）以上	TOEIC 990点は楽勝で突破できる英語の達人！
48点（80％）以上	TOEIC 950点は楽勝で突破できるスゴイ語彙力・文法力！
42点（70％）以上	TOEIC 900点は楽勝で突破できるかなりの語彙力・文法力！
36点（60％）以上	TOEIC 860点は楽勝で突破できるまあまあの語彙力・文法力！
30点（50％）以上	TOEIC 800点は突破できるが要努力、まだまだ道のりは険しい！

①文法のセクションの正答率　＝　（　　　）％
②派生語のセクションの正答率　＝　（　　　）％
③前置詞のセクションの正答率　＝　（　　　）％
④多義語のセクションの正答率　＝　（　　　）％
⑤一般語彙のセクションの正答率　＝　（　　　）％

　さて皆さんいかがでしたか。スコアはよかったですか。
　かなりハードな問題が多かったでしょう。スコアがイマイチの人はこの本をしっかり勉強して、英文法・語法をマスターしましょう。
　それでは皆さん、気合いを入れて驚異の大特訓に参りましょう。模擬問題は全部で376問ですが、ほとんどが800点以上のレベルの高い問題なので、何度も繰り返してチャレンジしてみてください。p.266に各項目別のスコア表があるので、そこに得点を記入して、1回目、2回目と回数を重ねていくうちに、スコアがどれぐらい UP するかを見てみましょう。そして最低でも9割はとれるようになるまでトライしてみてください。それでは皆さん、明日に向かって、

Let's enjoy the process!（陽は必ず昇る！）

Part 5
文法編

第2章

文法問題大特訓

TOEIC TEST の Part 5は毎回40問出題されますが、中には数問ながら、高度な文法事項が出題されています。経験的に言えることですが、900点を突破するには37～38問以上正解する必要があります。TOEIC900点以上の領域では、リーディングセクションは1問間違いまでは495点満点ですが、さらに**1問間違うごとに10点近く減点されてしまう**のです。例えばリーディングセクションを5問間違えばリーディングセクションは455点（455＝495-10×4）となります。リーディングセクションがこれぐらいのレベルの人だと、9割はリスニングセクションは495点満点とれており、総合点は950点となっています。（私どもの学校には、900点～950点以上の生徒さんも多数いらっしゃいますが、その人たちからの聞き込みでこのような傾向が読み取れるのです。）

　従って、950点以上を狙う人は、1問足りともケアレスミスは許されないし、Part 5の難問数問も確実にとれる特訓が必要です。900点突破を狙う人はこの数問を正解するための努力をするとともに、700～800点レベル知識に5％ぐらい漏れがありますので（ということは本来落としてはいけない問題も1～2問落としてしまう）、こちらも併せて補強する必要があります。800点突破を狙う人ならば Part 5は34問以上、730点突破を狙う人ならば32問以上正解できるようなトレーニングが必要です。

　あと、一般論として言えることは、高度な文法知識は少し骨のある英文解釈には不可欠ということです。そういう意味では、本章は Part 7の得点力をも英文法（構文理解）という観点から補強するものです。

ここではそれぞれの得点目標を突破するために、860点以上取得するために必要な高度な文法演習問題を中心に大特訓していただきます。文法項目は下に示すように10項目あり、演習問題は各10問ずつです。

1. 時制
2. 代名詞
3. 呼応（パラレル構造）
4. 準動詞
5. 接続詞
6. 関係詞
7. 特殊構文
8. 比較
9. 仮定法
10. 可算・不可算名詞

また、各大特訓の後にその文法事項の中から重要なものを「**高得点Get! 必須ポイント5**」としてまとめてあるので「**最終知識のまとめ**」として活用してください。

さらに、本書の読者の皆さんの"知的好奇心"を満たし、かつ非常に役立つコラムを随所に挿入していますので、こちらも大いにエンジョイしてください。それではさっそく時制問題から大特訓に取り組んでもらいましょう。

1. 時制問題大特訓（１０問）

1. Fortunately, our department anticipated the quality problem and then ------- evasive action to deal with the possible consequences.
   (A) had taken   (B) would take   (C) took   (D) have taken

2. Ms. Lisa Cosnner, who has been a strong advocate of the environmental protection program since the 1990s, ------- the keynote speaker at the convention this afternoon.
   (A) has been   (B) will be   (C) is   (D) was

3. If Ms. Haney had completed the project report when her supervisor came back from the overseas business trip, why ------- it to him then?
   (A) hadn't she submitted   (B) didn't she submit
   (C) had she submitted   (D) did she submit

4. From the turn of the decade, concern for global warming ------- to numerous international protection projects.
   (A) is leading   (B) lead   (C) leads   (D) has led

5. Due to lower-than-expected production this month, hiring on current production lines ------- increased by as much as 30% over the next six months.
   (A) will have to be   (B) has
   (C) has been   (D) will have been

6. That much-talked-about DVD has been released ------- by VideoTech, a leading company in the industry.
   (A) these days   (B) recently   (C) presently   (D) currently

7. Mr. Cegan, CEO of Alfa TECH ------- know this city very well before he moved here 10 years ago.
   (A) did use not to
   (B) not used to
   (C) didn't use to
   (D) used to not

8. The builder ------- the finishing touches on the surface and he should be finished the day after tomorrow.
   (A) is putting　(B) has put　(C) put　(D) puts

9. Ms. Reeves of TEKCO Parmaceutical, Ltd ------- to meet Mr. Hopper at the international airport when his plane arrives.
   (A) will be waiting
   (B) will wait
   (C) is going to wait
   (D) is waiting

10. The young man, who ------- handling customer complaints, was nervous and failed to respond to clients properly.
    (A) used to
    (B) used not to
    (C) was used to
    (D) wasn't used to

解答&解説

1. 〈正解〉（**C**）took　〈730レベル〉
〈訳〉 幸運にも我々の部署はその品質問題を予期し、起こるであろう結果に対処するための回避行動をとった。
〈ポイント〉 then があるので、anticipated の後の動作となる took が正しい。（D）は主語に合わせた has taken であれば正解となる。

2. 〈正解〉（**C**）is　〈900レベル〉
〈訳〉 リサ・コスナーさんは1990年代からの環境保護プログラムの強い支持者であり、本日の午後の年次総会の基調演説者である。
〈ポイント〉 「決定している未来」だから is が正しい。（B）の will be は推量なので物事の実行性があいまいになる。

3. 〈正解〉 (**B**) didn't she submit 〈900レベル〉
〈訳〉 上司が海外出張から戻ったときにヘイニー氏がプロジェクトの報告書を完成させていたのなら、どうしてそのとき彼女は上司にそれを提出しなかったのか？
〈ポイント〉 この if 節は仮定法でなく直接法の過去完了（大過去）であり、文全体では「過去」のある時点に焦点を置いている。文脈より否定形にしないと意味が通じないので、**didn't she submit** が正しい。

4. 〈正解〉 (**D**) has led 〈860レベル〉
〈訳〉 この10年来、地球温暖化に対する懸念が数々の国際的な保護プロジェクトを生んでいる。
〈ポイント〉 選択肢の中で、過去の起点を表す from the turn of the decade が使えるのは「現在完了」の **has led** のみである。

5. 〈正解〉 (**A**) will have to be 〈860レベル〉
〈訳〉 今月の予想外の低い出来高のため、今後6ヵ月に渡って現行生産ラインの雇用を30％ほど増やさなければならないだろう。
〈ポイント〉 時制は、現在に着目して時を表す over the next six months の内容となるので、未来時制となる。文脈から、予想外の低い出来高が原因のため「雇用を増やさなければならないだろう」という **will have to be** を選ぶ必要がある。

6. 〈正解〉 (**B**) recently 〈860レベル〉
〈訳〉 あの話題の DVD が最近、業界屈指の VideoTech 社より発売された。
〈ポイント〉 選択肢の中で has been released の現在完了形とともに使用できるのは **recently** のみとなる。

7. 〈正解〉 (**C**) didn't use to 〈950レベル〉
〈訳〉 Alfa TECH 社の CEO のセーガン氏は、10年前にここに引っ越してくるまでは、この市をあまりよく知らなかった。
〈ポイント〉 used to do「かつて～したものだった」の否定形を問う問

題で、didn't use to do と used not to do の2つのパターンがあるが、前者の方が10倍多く用いられる。

8. 〈正解〉 (**A**) is putting 〈860レベル〉
〈訳〉 その業者は表面の仕上げをしており、明後日には終了するはずである。
〈ポイント〉 作業の完了が未来の「明後日」の時点を予測していることから、その作業は現在「進行中」であることがわかる。よって、is putting が正しい。

9. 〈正解〉 (**A**) will be waiting 〈950レベル〉
〈訳〉 ホッパー氏の乗った飛行機が到着する頃、TEKCO 製薬会社のリーブス氏が彼を出迎えるため、その国際空港で待っています。
〈ポイント〉 ビジネスの常識から、飛行機が到着したときには間違いなく空港で出迎えるという、確定的な未来の予定を表す「未来進行形」の will be waiting を選ばなければならない。残る選択肢の will wait は「意志未来・単純未来・推量」、is going to wait は「意志未来・未来の予定」、is waiting は「現在進行中の動作・未来の予定」といずれも複数の意味を含んで意味が明確でないため不適当である。

10. 〈正解〉 (**D**) wasn't used to 〈730レベル〉
〈訳〉 その若者は、顧客の苦情処理に慣れていなかったので、動揺して適切に顧客対応できなかった。
〈ポイント〉 be used to doing (〜に慣れている) と used to do (かつて〜したものだ) が区別できるかを試す問題である。文脈より wasn't used to が正しい。

『時制』で高得点 Get! 必須ポイント5

① if 節が「過去完了形」であっても主節が「過去形」となる場合がある。
　例）If you had finalized the budget plan when you met your boss, why didn't you turn it in to him?
　　　（あなたは上司に会ったとき予算計画を作成済みであったならば、どうして彼にそれを提出しなかったのですか？）

② from the turn of the century [decade] が使われる場合は「現在完了形」が使われる。
　例）From the turn of the century, robotics has made remarkable progress.

③ used to do「かつて～したものだった」の否定形は、didn't use to do と used not to do の2つのパターンがあり、前者の方が10倍多く用いられる。
　例）I didn't use to know how to talk to people when I joined this company three years ago.

④ be used to doing は「～に慣れている」という意味で、used to do「かつて～したものだった」とは明確に区別しなければならない。
　例）It took him several months to get used to dealing with paper work.

⑤ 仮定法現在では that 節の中の動詞に「時制」はないから**原形**が使用される。
　（いわゆる「要求動詞」と呼ばれる場合であるが、**動詞に加えて、名詞、形容詞の場合もある。**）
　例1）The boss suggested that **the letter be emailed** to the headquarters.
　例2）I made a request that **he leave the office** for Tokyo.
　例3）It is imperative that **she finalize her assignment** on schedule.

要注意！
意味の曖昧な文を見抜く大特訓①！

これであなたも英語の達人！

次の文はすべて曖昧ですが、どう曖昧なのかわかりますか？

> (1) The CEO did not work until 2 p.m. today.
> (2) The plant manager may not go to the construction site.
> (3) The vice president and his company's corporate lawyer played chess.

　(1) 文は until 2 p.m. が何を修飾するかによって意味が変わってきます。until 句が work を修飾する場合、「その CEO（最高経営責任者）は、今日は、午後2時まで仕事をしたわけではない」と訳せ、「午後2時前に仕事をやめた」という意味になります。一方、until 句が not work を修飾する場合、午後2時まで仕事をしない状態が続くということを意味するので、「今日は、その CEO は午後2時になって仕事を始めた」となります。

　往来発着系の**「非継続を表す動詞」**を用いた場合は、until 句はその動詞を修飾できないので意味は明確になり、The CEO did not arrive until 2 p.m. today. の場合は、「今日は、その CEO は午後2時に到着した」となります。逆に、stay のような**「継続を意味する動詞」**が用いられた場合は、until 句が動詞を修飾するのでこれも意味が明確になり、The CEO did not stay until 2 p.m. today. は「今日は、その CEO は午後2時まで滞在しなかった（午後2時前には去りました）」の意味になります。

　(2) は not が may と go のどちらに接近しているかによって意味が異なり、「may not の塊」か、「not go の塊か」という問題が重要です。may not の塊として分析する場合は「工場長はその建設現場に行ってはならない」という**命令**の意味になり、not go の塊として解釈される場合は「工場長はその建設現場に行かないかもしれない」という**推測**の意味になります。

　(3) は次の2つの解釈ができます。
　　　a. 副社長と彼の会社の顧問弁護士はチェスを対戦した（一緒にチェスをした）。
　　　b. 副社長と彼の会社の顧問弁護士は、それぞれ別にチェスをした。

　故に、Both of them won the game. を後に続けることができるのは b の場合のみになります。

2. 代名詞問題大特訓（１０問）

制限時間3分

1. Sowa Electronics TECH whose major operation is in Romania has won ------- many fans among video games users with its state-of-the-art technologies.
   (A) itself   (B) any   (C) which   (D) that

2. All of the documents, except for ------- that are being put on your desk, must be submitted to the project leader no later than March 21.
   (A) this   (B) them   (C) these   (D) they

3. The project team was able to complete the new product development on schedule despite the fact that ------- design specifications were forced to change many times.
   (A) its   (B) every   (C) this   (D) each

4. ------- wishing to apply for the accounting position of TELMO, Inc. is required to submit a resume along with a minimum of three references.
   (A) Someone   (B) Some   (C) Anyone   (D) Whoever

5. I haven't read ------- on the newly developed detection device so far but it seems like a good read.
   (A) many of the reports   (B) much of the report
   (C) much report   (D) many reports

6. ------- of the machines will not work in that country because of voltage supply differences but a few should be OK.
   (A) Most   (B) All   (C) Some   (D) Many

7. The personnel department manager directed his subordinates to check the references of all ------- applying for the engineering post.
   (A) who   (B) ones   (C) them   (D) those

8. The CEO expressed her desire to see ------- the company's managers as practically possible at the Annual Convention.
   (A) as many of   (B) all of
   (C) the large majority of   (D) everyone of

9. The market research conducted last year has made it clear that most Americans prefer white wine to red -------.
   (A) one   (B) ones   (C) wine   (D) wines

10. The company office regulations stipulates that every employee is given a 10-day paid-holiday after ------- worked for one year in the company.
    (A) one has   (B) he has   (C) she has   (D) they have

解答&解説

1. 〈正解〉(**A**) itself 〈860レベル〉
〈訳〉 Sowa Electronics TECH社は主にルーマニアで操業しているが、最新の技術で多くのテレビゲームファンを獲得している。
〈ポイント〉 選択肢の中でany, which, thatはいずれも文法上あてはまらないので、残る選択肢の、主語を受けて文全体を強調するitselfが正解となる。

2. 〈正解〉(**C**) these 〈730レベル〉
〈訳〉 君の机の上にあるこれらの文書を除き、すべての文書は3月21日までにプロジェクト・リーダーに提出されなければならない。
〈ポイント〉 関係代名詞の先行詞となり、同時に複数形のものを選ぶことになるので、theseが正しい。them that are ～という形をとる関係代名詞の構造は存在しない。

3. 〈正解〉 **(A)** its 〈730レベル〉

〈訳〉 その設計仕様の変更を何度も強いられたにもかかわらず、そのプロジェクト・チームはスケジュール通りその新製品の開発を完了させることができた。

〈ポイント〉 単数形の名詞をとる every, this, each は specifications（複数形）の前には置けないので、単複の数に関係なく使用できる its が正しい。

4. 〈正解〉 **(C)** Anyone 〈860レベル〉

〈訳〉 TELMO 社の経理の職に応募を希望する方はいずれも履歴書と最低3通の照会状を提出する必要があります。

〈ポイント〉 職の応募にあたって履歴書と照会状の提出を義務づけているわけであるから、その対象は志望者全員の Anyone が正解となる。Whoever で始める場合は、Whoever wishes to apply のように節の形式でないといけない。

5. 〈正解〉 **(B)** much of the report 〈950レベル〉

〈訳〉 今までのところ新たに開発された装置のレポートをあまり読んでないが、よいレポートのようだ。

〈ポイント〉 but 以下の主語の it が単数なので (A), (D) の選択肢は入らない。(C) は文法的に不可能なので、much of the report が正しい。

6. 〈正解〉 **(A)** Most 〈860レベル〉

〈訳〉 その機械のほとんどが電圧の違いであの国では動かないが、少数の機械は動くはずである。

〈ポイント〉 前述の内容を対比する接続詞の but 以下の主語が a few とあるので、これに対比するのは most of や almost all of である。また but 以下が others の場合は、some が対応する。

7. 〈正解〉 **(D)** those 〈860レベル〉

〈訳〉 人事部長は技術職への応募者全員の照会先を調査するように部下

に指示した。
〈ポイント〉 「those who ＋動詞（〜する人々）」の代わりに、「those ＋現在分詞（〜ing）」でも表現できる。よって those が正解。

8. 〈正解〉 （**A**）as many of　〈860レベル〉
〈訳〉 その CEO は年次総会で実際できるだけ多くの同社の管理職に会いたいと述べた。
〈ポイント〉 as 〜 as possible の形に気がつくことがポイントで、as を含んだ as many of が正しい。因みに、as 〜 as possible において as と as の中に入るのは名詞（本例）・形容詞・副詞である。

9. 〈正解〉 （**C**）wine　〈800レベル〉
〈訳〉 昨年実施した市場調査で、たいていのアメリカ人は赤ワインより白ワインを好むことが明らかになった。
〈ポイント〉 one は、不可算名詞の「物質名詞」や「抽象名詞」を指すことはできない。従って、wine が正しい。

10. 〈正解〉 （**D**）they have　〈800レベル〉
〈訳〉 会社の就業規則では、従業員は1年の勤務を終えると誰もが10日間の有給休暇を与えられると規定している。
〈ポイント〉 every employee を受けることができるのは he/she, he or she, they なので、they have が正しい。they は習慣として常識となっている。

『代名詞』で高得点 Get! 必須ポイント5

① 再帰代名詞（itself, himself, herself 等）には「強調用法」があり、それがなくても実質的意味は同じである。
例）He won **himself** a lot of friends.

② anyone wishing to do と言えるが、whoever を使う場合は whoever wishes to do となる。

③ 「1冊の本の多くの部分」は much of the book であり、many of the books は「それらの本の多くは（を）」という意味である。

④ 物質名詞は one で受けることはできない。
例）I prefer orange juice to apple juice. において apple juice を apple one とすることはできない。

⑤ everyone を受けることができる代名詞は he/she, he or she, they である。論理的にはおかしいが they でも OK である!!
例）**Everybody** should learn **their** responsibilities ASAP in the company.

要注意！
代名詞の極意を学ぶ！

　代名詞とそれが具体的に指す名詞については、次の例を見ればわかるように要注意です。

> (1) Since **the sales manager** hit upon a good idea about the new service, **he** is now thinking of coming up with it at the next planning meeting.（営業部長はその新しいサービスに関して名案が浮かんだので、次の企画会議に提出することを考えている）
>
> (2) Since **he** hit upon a good idea about the new service, **the sales manager** is now thinking of coming up with it at the next planning meeting.（(1) と同じ）
>
> (3) **He** is now thinking of coming up with it at the next planning meeting since **the sales manager** hit upon a good idea about the new service.（営業部長がその新しいサービスに関して名案を思いついたので、彼［営業部長とは別人］は次の企画会議にそれを提出することを考えている）
>
> (4) **The sales manager** is now thinking of coming up with **it** at the next planning meeting since **he** hit upon **a good idea** about the new service.（その営業部長は、新しいサービスに関して良い考えを思いついたので、次の企画会議には、［前から考えている］それを提出することを考えている）

　(1) は the sales manager と he は同一人物であると考えるのが普通です。また、この2つを入れ替えた (2) の文も意味は同じで、代名詞が指す名詞（＝先行詞）が、代名詞に先行しないことがあります。ところが、since 節を後ろに回した (3) の場合、he は the sales manager を指しません。それは、**「代名詞が名詞よりも先に**

現れる場合、その代名詞が従属節内にある場合のみ、代名詞は名詞を指す」という法則があるからです。(3) 文の名詞と代名詞を入れ替えた (4) 文では、主文内の it は、名詞 a good idea に先行しているので、(3) 文の he の場合と同じ考え方により、it = a good idea という解釈にはなりません。(1) や (2) と同じ意味にするには、次のようにする必要があります。

The sales manager is now thinking of coming up with **a good idea** about the new service at the next planning meeting since he hit upon **it**.

3. 呼応（パラレル構造）問題大特訓（10問）

制限時間3分

1. By attending the trade show held in March, you can learn about the highly advanced technologies we are offering, as well as ------- to see renowned entrepreneurs.
   (A) to get (B) get (C) got (D) getting

2. What is important is to identify ------- already has enough skills to design next generation computers and who needs training to do so.
   (A) someone (B) whom (C) who (D) those

3. We have received your application for the marketing position ------- forwarding it to the personnel department accordingly.
   (A) and are (B) looking (C) it is (D) so

4. While I was in Paris on a business trip for three months, ------- stay inside the hotel room all day, I went to a fitness club to stay fit on Saturdays and Sundays.
   (A) preferring to (B) I would rather
   (C) rather than (D) after

5. The enthusiastic will to survive the cutthroat competition will compel companies to hire more competent people and ------- them.
   (A) training (B) will train (C) have trained (D) train

6. It will make more sense for us to improve the productivity in our plants ------- to hire new employees every month.
   (A) rather than continued (B) instead of continuing
   (C) than to continuing (D) besides continue

7. We need to improve the revenue per employee significantly, which is a key factor for shareholders to use when evaluating the ------- and potential value of companies.
   (A) efficient (B) effective (C) efficiency (D) efficacies

8. It has fallen to me to supervise the factory that is operating around the clock and ------- a daily report to manufacturing director.
   (A) submitted (B) submitting
   (C) to submitting (D) to submit

9. It is certain that the ------- and bother of attending Frankfurt Trade Show are outweighed by the potential to increase our sales.
   (A) expense (B) expensive (C) expend (D) expending

10. Our fitness gym, which is operating 24 hours a day, is suited to students, housewives, and especially ------- working where there are irregular shifts.
    (A) ones (B) one (C) those (D) whoever

解答＆解説

1. 〈正解〉 **(B)** get 〈860レベル〉
〈訳〉 3月に開かれるトレード・ショーに参加すれば、高名な企業家に会えるだけでなく、当社の高度な技術を知ることができる。
〈ポイント〉 A as well as B（BだけでなくA）において、BはAに相当する動詞の"learn"の人称・数と一致するため、getが正しい。直前のofferingにつられてgettingを選んでし

第2章　文法問題大特訓　53

まわないように!!

2. 〈正解〉**(C)** who 〈860レベル〉
〈訳〉 重要なことは誰がすでに次世代コンピュータを設計できるスキルを持っており、誰がそのための教育を必要としているかを特定することである。
〈ポイント〉 文脈から who needs training to do so の疑問名詞節を identify の目的語と判断して、2つの who 節でパラレルになっていると見抜く必要がある。

3. 〈正解〉**(A)** and are 〈730レベル〉
〈訳〉 当社は、貴殿のマーケット部門への応募書類を受領しましたので、人事部門へ転送いたします。
〈ポイント〉 主語以下の述部の have received 〜とパラレルになる are forwarding 〜が正解。(B)(C)では意味が通じず、(D)は文法的に成立しない。

4. 〈正解〉**(C)** rather than 〈950レベル〉
〈訳〉 出張で3カ月間パリにいたときに、土日は終日ホテルの部屋で過ごさず、体型を保つためにフィットネス・クラブに通った。
〈ポイント〉 本来は A rather than B として、rather than をはさんで go to a fitness club に stay inside the hotel room で呼応する形となるが、本文では rather than 以下の部分を前へ挿入した形となる。

5. 〈正解〉**(D)** train 〈730レベル〉
〈訳〉 熾烈な競争を勝ち抜こうとする情熱的な意志があるため、企業は優秀な人材を採用し教育せざるを得ない。
〈ポイント〉 この空欄に入る動詞の形は hire とパラレルになる train が正しい。

6. 〈正解〉**(B)** instead of continuing 〈860レベル〉
〈訳〉 わが社にとって毎月新しい従業員を採用する代わりに工場の生産

性を向上させる方が賢明である。
〈ポイント〉 意味上の主語の for us に続く述部の to improve ～のパラレルになる選択肢を選ぶ必要があり、(A) は rather than continue、(C) は than to continue でパラレルとなる。また (D) は besides の後が continuing でないと選べず、正解は instead of continuing となる。

7. 〈正解〉 (C) efficiency 〈860レベル〉
〈訳〉 株主が企業の能率と潜在的価値を評価する際に用いる主要要因である従業員1人当たりの収益を、わが社は大幅に向上させる必要がある。
〈ポイント〉 evaluating の目的語となる potential value of companies のパラレル関係になるのは名詞の efficiency である。

8. 〈正解〉 (D) to submit 〈860レベル〉
〈訳〉 24時間操業の工場を監督し、製造担当役員に日報を提出するという仕事が私の肩にかかってきた。
〈ポイント〉 意味上の主語となる to supervise ～ around the clock のパラレルになるのは to submit である。

9. 〈正解〉 (A) expense 〈860レベル〉
〈訳〉 フランクフルト見本市に出展するには費用や手間がかかるが、それ以上に売り上げを増やせる可能性があるのは確かである。
〈ポイント〉 that 節内の bother（手間）が名詞と見抜けるかがポイントで、パラレルになるのは expense である。

10. 〈正解〉 (C) those 〈950レベル〉
〈訳〉 本スポーツ・クラブは24時間営業だが、学生、主婦、それにとりわけ不規則なシフトで働いている人々に適している。
〈ポイント〉 文の述部となる is suited to の目的語で、人の複数形の students, housewives のパラレルになるのは those。「～人々」と those ＋形容詞・分詞で表すことができるからである。ones は形容詞を伴わない限り、通常は用いることはできない。

『呼応』で高得点 Get! 必須ポイント5

① as well as の直後の動詞がその直前の動詞に意味的に呼応せず、もう1つ前の動詞に呼応する場合。
例）Customers can **buy** goods at discount prices the shop is offering, as well as **get** a free gift. において、get は直前の offering でなく buy に呼応している。

② 通常の語順でなくて rather than が前に出ている場合。
例）Rather than go to Paris, I flied to Germany.

③ rather than の後ろに来る動詞は ING 形でなく原形である。
例）I will get some work experience first **rather than go** straight to university.

④ and の直後の動詞がその直前の動詞に意味的に呼応せず、もう1つ前の動詞に呼応する場合。
例）I will **go** to the nearest library that is operating from 9:00 to 5:00, and **study** the subject.

⑤ 名詞をパラレルに併記する場合、同質のもので揃える。
例）... related to students, teachers, and those working at university というように、and 以降も同質な名詞フレーズとなる。

要注意！
恐るべき他動詞のパワー！

> （1）a. その留年した学生は宿題をしたけれどできなかった。
> 　　b. 課長代理に来るよう説得したけれど、彼は来なかった。

　これは日本語としては不自然ではない文ですが、これを英文に訳してみると

> a. The holdover did his homework but couldn't do it.
> b. I persuaded the assistant section manager to come but he didn't come.

となり、両方とも不自然な文になります。というのは、英語では、**「他動詞を過去形にすると、その行為の達成を暗示する」**からです。よって行為が（完全には）達成していないことを暗示する次のような表現を付け加えないといけません。

> a. The holdover did his homework but couldn't do it <u>perfectly</u>.
> b. I <u>tried to</u> persuade the assistant section manager to come but he didn't come.

　日本語は、結果よりもプロセスを強く暗示するので、次のような文もすごく不自然というわけではないですが、その英語は極めて不自然です。

> （2）（野菜などを壊れたミキサーで）混ぜたけれど混じらなかった。
> 　　→ × I mixed them but they didn't mix.

　英語では mixed と言ったとたん、すでに mix したことを暗示します。他動詞には、それだけのパワーがあります。それ故、tried などの表現を添える必要があるのです。

次の例はいかがでしょう。

(3) a. The interior decorator sprayed the wall with red paint.
（インテリアデザイナーは壁を赤いペンキで塗りつけた）
b. The interior decorator sprayed red paint on the wall.
（インテリアデザイナーは赤いペンキを壁に塗りつけた）

この場合も、他動詞のパワーによって次のようなニュアンスの違いが出てきます。

a. 赤いペンキは全部使ったわけではないが、壁全体を覆った含みがある。
b. 壁全体を塗ったわけではないが、赤いペンキは全部使った含みがある。

他動詞は「目的語」に影響を与えるので、それぞれ壁と赤いペンキに影響を与え、その結果、このような微妙な差が出てくるのです。同様の例として次のものがあります。

(4) a. She cleared snow from the road.（雪全体が取り除かれたことを暗示）
b. She cleared the road of snow.（道全体がきれいになったことを暗示）

4. 準動詞問題大特訓（１０問）

制限時間3分

1. The head of the marketing department suggested ------- next year's strategy to boost the sales of the new compact disc.
   (A) to change
   (B) being changed
   (C) to be changed
   (D) changing

2. You are advised to fill out and submit this form to the accounting department if you would like to have your travel expenses ------- promptly.
   (A) reimbursement
   (B) reimbursed
   (C) reimburse
   (D) reimbursable

3. It was very nice ------- to receive such a fantastic gift when he retired from the company after 40 years of service.
   (A) him   (B) of him   (C) for him   (D) to him

4. The engineering manager sat at his desk in the corner of his room ------- the materials for the following week's presentation.
   (A) preparing
   (B) prepared
   (C) preparation
   (D) being prepared

5. ------- a competent accountant for many years, Mr. Hackman, a self-employed man, didn't have to worry about filing his tax return.
   (A) Employed
   (B) Having employed
   (C) Employing
   (D) Having been employed

6. Mr. Sneider, CEO of MAGNA TECH, has been too ------- to spend qualified time with his family over the past three years.
   (A) busy to work
   (B) busy being worked
   (C) busy working
   (D) busy having worked

7. When I was working on the project report in the office late at night, it was so quiet that I could hear a pin -------.
　(A) dropping　(B) dropped　(C) drop　(D) to drop

8. No visitors ------- the compound without filling out the form at the security checkpoint and wearing the entrance pass they received there.
　(A) were seen to enter　　(B) were made enter
　(C) were let to enter　　(D) were got to enter

9. The high-resolution camera, the development of which has taken five years, can photograph ------- subjects such as neo virus.
　(A) previously undetecting　　(B) previously undetected
　(C) previous undetecting　　(D) previous detected

10. -------, Mr. Dawson in the engineering department was expected to be able to solve the most difficult problem we had ever experienced.
　(A) Competence　(B) Competently
　(C) Competent　(D) Competing

解答＆解説

1. 〈正解〉**(D)** changing　〈730レベル〉
〈訳〉　マーケティング部長は新モデルのコンパクトディスクの売り上げを伸ばすために、来年の販売戦略の変更を提案した。
〈ポイント〉　suggestの目的語には不定詞ではなく動名詞をとる。(B) の動名詞の受身形では文が成立しないので、意味の通じる (D) が正解。

2. 〈正解〉**(B)** reimbursed　〈730レベル〉
〈訳〉　迅速に出張旅費の払い戻しを受けたいのならば、本用紙に記入し

経理部へ提出してください。

〈ポイント〉 文脈と語法上、「have + 目的語 + done（O を〜してもらう）」という形で reimbursed となる。

3. 〈正解〉 **(C)** for him 〈860レベル〉

〈訳〉 40年間勤めた会社から退職するときに素敵なプレゼントをもらい、彼はとても幸せだった。

〈ポイント〉 It is nice ------- to do という場合、nice が「親切な」を意味するときは、------- に of him、「うれしい・幸せな」の場合は for him が入る。本文は文脈から後者にあたる。

4. 〈正解〉 **(A)** preparing 〈800レベル〉

〈訳〉 技術部長は自分の部屋の隅の机で、翌週のプレゼン資料の準備をしていた。

〈ポイント〉 文法上、(B), (C), (D) は入らず、分詞構文を構成する preparing が正しい。(B) の prepared は、and prepared ならば正解となる。

5. 〈正解〉 **(B)** Having employed 〈860レベル〉

〈訳〉 自営業のハックマン氏は有能な会計士を長年雇っていたので、税申告に関する心配はいらなかった。

〈ポイント〉 「過去」のある時点に焦点を置いた文であるが、会計士を雇っている時制はそれ以前の「過去完了」となる。これを分詞構文化した Having employed が正解。

6. 〈正解〉 **(C)** busy working 〈860レベル〉

〈訳〉 MAGNA TECH 社の CEO であるシュナイダー氏は仕事で忙しく、この3年間は家族との団らんの時間を過ごしていない。

〈ポイント〉 文脈を無視して早合点して too busy to work と考えてはいけない。構造的には be busy doing と too 〜 to do が複合した文となる。

7. 〈正解〉 **(C)** drop 〈860レベル〉

〈訳〉 夜遅く事務所でプロジェクト報告書を作成していたとき、あまり

にも静かだったのでピンの落ちる音でさえ聞こえるほどだった。
〈ポイント〉　hear＋目的語＋do/doingの違いを理解しているかどうかを問う問題である。do の方は「動作の完了まで」を、doing は「動作の最中」を指す。従って、この場合 dropping だと「落下中のピンの音を聞く」ことになってしまい非現実的である。よって drop が正しい。

8. 〈正解〉　(**A**) were seen to enter　〈860レベル〉
〈訳〉　守衛所で記帳せずそこで渡された入門証を身につけずに構内に入った訪問者は見られなかった。
〈ポイント〉　第5文型 SVOC 構文で、補語に「原形不定詞」を持つ知覚動詞の see や使役動詞 make が受動態になると、その補語が「to 不定詞」になることから、were seen to enter が正しい。

9. 〈正解〉　(**B**) previously undetected　〈860レベル〉
〈訳〉　開発に5年を要したその高解像カメラは、以前には検出されなかったネオ・ウイルスのような対象物を撮影することができる。
〈ポイント〉　文法と文脈上、「副詞＋他動詞の過去分詞」の形で名詞を修飾した previously undetected が正しい。

10. 〈正解〉　(**C**) Competent　〈950レベル〉
〈訳〉　技術部のドーソン氏は優秀なので、われわれが経験した最大の難問を解決できると期待された。
〈ポイント〉　分詞構文においては、受動態・形容詞・名詞の前の being は省略できるというルールがある。この場合も同様に文脈から、As he was competent を分詞構文化した (Being) Competent が正しい。

『準動詞』で高得点 Get! 必須ポイント5

① It is 〜 to do 構文で形容詞が nice のような場合、意味上の主語は nice の意味によって of 人または for 人となる。
　(ア) It is nice **of him**（親切な）to show me how to get to the station.
　(イ) It is nice **for him**（うれしい・幸せな）to win a scholarship.

② 分詞構文において、主節が過去形で、従属節が時間的にそれよりも古い場合は Having + 過去分詞形となる。
　例) **Having finished** his assignment, he left the office.

③ 2つの決まり文句的な表現が重なって、文の構造を複雑にしている場合があるので注意。
　例) These days I am **too busy working to spend** my time on my hobbies.
　be busy doing と too 〜 to do が重ねて使用されている。

④ 知覚動詞の see や使役動詞の make は受動態にした場合「to 不定詞」となる。しかし、他の使役動詞（let, have, get）は受動態にすることはできない。
　例) He was made to go there. とは言えるが、He was let to go there. とは言えない。

⑤ 分詞構文において、受動態の場合だけでなく形容詞、名詞の前の being も省略できる。
　例) (**Being**) **Efficient**, he was able to finalize the difficult assignment by the due date.［形容詞の場合］
　（彼は有能なので、その難しい仕事を期日までに完了することができた）

要注意！
前置詞をつけると意味が変わる!?

これであなたも英語の達人!

次の文のニュアンスの違いがわかりますか。
(1) a. The vet shot the bear.
　　b. The vet shot at the bear.

「弾が当たったことを暗示する文はどちらですか？」と聞くと、bと答える人が多いのですが、実際にはaの方が弾が当たったことを暗示します。それは例の他動詞のパワーです。shootという動詞は他動詞の場合、その目的語に強い影響を与えます。撃つという行為によって弾が当たることまで意味するのです。それ故、

　a. 獣医は熊を撃ち、弾が熊に当たった。
　b. 獣医は熊を撃ったが、弾が熊に当たったとは限らない。

だから、but the bullet didn't hit it が自然に続くのはbの文の後です。bは、shootのパワーがatという前置詞に阻まれて発揮できないと考えられ、前置詞atの持つニュアンス（つまり「狙い」）が出るのです。また、第3文型と第4文型の差も前置詞があるかどうかなので、ニュアンスが違うことになります。どのような違いがあるのか考えてみましょう。

(2) a.［第3文型］The job applicant showed his curriculum vitae to the interviewers.
　　b.［第4文型］The job applicant showed the interviewers his curriculum vitae.

どちらも、その求職者が面接官に自分の履歴書を見せたことを意味しますが、面接官が履歴書を実際に見たことを暗示するのは、bの場合です。確かにこの場合、showのパワーがthe interviewersに届きますね。aの場合はtoという前置詞に阻まれて、他動詞の力はthe interviewersまで届かないので、面接官は履歴書を見たとは限らないわけです。このニュアンスの差が明確になるような訳は次の通りです。

　a. 求職者は、自分の履歴書を面接官に向けて、（これですと）示した（が面接官は見たとは限らない）。

b. 求職者は、自分の履歴書を面接官に見せ、実際に面接官は（それを）見た。

　ところで、この「前置詞に阻まれた場合は、他動詞のパワーが発揮できない」ということは、すべての他動詞に言えることとは限りません。前置詞が現れようと、まったく平気な他動詞があります。その代表格は、英語では基本重要動詞トップ10にランクインすると思われる give です。

(3) The success gave great satisfaction to young entrepreneurs.
　　（その成功は若い起業家に大きな満足感を与えた [満足感は実際に届いている]）

5. 接続詞問題大特訓（10問）

1. The new automobile development project will not be put into practice ------- approved by Mr. Weider, CEO of SOTEC Motors.
   (A) while (B) after (C) before (D) until

2. I am sure that the future of the company depends on ------- Mr. Frieman, CEO of our company, will be able to make a decision on that pending matter.
   (A) if (B) what (C) whether (D) where

3. The old locking system was fairly heavy and complicated, ------- the newly developed locking system is really light and simple.
   (A) whereas (B) if (C) although (D) as

4. It was ------- I was away from this country on an overseas business trip that I wasn't able to participate in the project meeting.
   (A) why (B) since (C) because (D) as

5. ------- we complete the development of this product by the end of this month, we will be unable to launch it early next year.
   (A) As (B) Unless (C) Although (D) However

6. During the meeting held in the Atlanta branch, Ms. Turner closed the windows tightly ------- outside noises come in.
   (A) lest (B) that no (C) so as that (D) lest no

7. ------- en route to the headquarters where she was supposed to have a very important meeting, Ms. Simpson got stranded in a heavy traffic jam.
   (A) During   (B) Since   (C) While   (D) Yet

8. Busy ------- he is, Mr. Hefner, CEO of HEMKO Pharmaceutical, Ltd. makes it a point to spend as much time as possible with his family.
   (A) though   (B) so   (C) when   (D) as

9. ------- money alone is concerned, he is so sincere and generous that he is ready to contribute his share.
   (A) In as far as   (B) Insofar as
   (C) As long as   (D) As far that

10. I am sure that Mr. Yates, CEO of our company, will be disappointed ---------- to the party held at the Sunrise Hotel on March 15.
    (A) unless the customer comes
    (B) if the customer comes
    (C) if the customer doesn't come
    (D) unless the customer doesn't come

解答＆解説

1. 〈正解〉 **(D)** until 〈730レベル〉
〈訳〉 その新しい自動車の開発プロジェクトはSOTEC Motors社のCEOのワイダー氏が承認するまで実行に移されないだろう。
〈ポイント〉 文脈よりuntilが正しく、本文はuntil it [=the project] is approvedのit isが省略された形となっている。

2. 〈正解〉 **(C)** whether 〈860レベル〉
〈訳〉 わが社の運命はCEOのフリーマン氏が例の懸案の決断を下せるかどうかにかかっていることは確かである。

〈ポイント〉 文脈から depends on の目的語となる if 節か whether 節に絞れるが、「前置詞の目的語となる場合は if を使わない」というルールから、whether が正しい。

3. 〈正解〉 (**A**) whereas 〈860レベル〉
〈訳〉 その古い施錠装置は非常に重くて複雑なのに対して、新しく開発された方は実に軽くてシンプルである。
〈ポイント〉 前と後ろの文で新旧の装置を対比させているので、この2文をつなぐ接続詞は whereas となる。この対比の意味を表す接続詞は whereas の他、while や when がある。

4. 〈正解〉 (**C**) because 〈860レベル〉
〈訳〉 私がプロジェクト会議に出席できなかったのは、海外出張のためにこの国を離れていたからだ。
〈ポイント〉 本文は「強調構文」It is ～ that 節の構文で、文脈から「～」の部分は that 以下の理由となっている。この構文の場合、理由を表す接続詞 since, as は使っていけないというルールがあるので、正解は because となる。

5. 〈正解〉 (**B**) Unless 〈730レベル〉
〈訳〉 もし今月末までにこの製品の開発を完了しない場合に限り、来年早々でのその製品の販売はできない。
〈ポイント〉 文脈から Unless が正解。unless は except if（～でない場合に限り）の意味にあるように、物事が十中八九起こらない想定で用いられる。本文では、「（今月の開発はほぼ間違いなく終了すると想定しているが）もし開発が終了しない場合に限り」という意味となる。

6. 〈正解〉 (**A**) lest 〈950レベル〉
〈訳〉 アトランタ支社での会議の最中、ターナー氏は外部の騒音が入らないように、窓をしっかりと閉めておいた。
〈ポイント〉 文法と文脈から lest が正しい。「～しないように」という否定の意味を表す「lest + 主語（+ should）+ 動詞原形」

の文語調の構文である。この表現は、so that ～ not や in case で言い換え可能。

7. 〈正解〉 (**C**) While 〈900レベル〉
〈訳〉 シンプソン氏はとても重要な会議を行うことになっていた本社へ行く途中、大渋滞で足止めを食らってしまった。
〈ポイント〉 en route to は on her way to （～へ行く途中に）という意味で、この副詞句の主語は Ms. Simpson ［= she］である。これらを文にすると she was en route to ～で、文脈から文頭に置ける接続詞は While のみとわかる。本文では she was が省略された形となっている。

8. 〈正解〉 (**D**) as 〈860レベル〉
〈訳〉 HEMKO 製薬の CEO であるヘフナー氏は忙しいが、できるだけ家族と過ごす時間をとろうと努めている。
〈ポイント〉 譲歩節のThough＋S＋Vを、形容詞［副詞］＋as［though］＋S＋Vとして表現できることを知っているかどうかがポイントである。

9. 〈正解〉 (**B**) Insofar as 〈950レベル〉
〈訳〉 お金に関する限り、彼はとても誠実で気前がいいので自分の分を喜んで寄付してくれる。
〈ポイント〉 「～に関する限り」という insofar as の知識を問う問題である。(A), (D) の表現は実際存在せず、(C) の As long as は「時間の制限・範囲」および「条件：～でありさえすれば」（例：As long as I live）を意味するので本文にあてはまらない。

10. 〈正解〉 (**C**) if the customer doesn't come 〈950レベル〉
〈訳〉 3月15日に行われるサンライズホテルのパーティにその顧客が来なければ、わが社の CEO であるイエーツ氏ががっかりするでしょう。
〈ポイント〉 「もしその顧客が来なければイエーツ氏はがっかりする」だ

から素直に if the customer doesn't come が正解である。unless = if not は厳密には正しくなく、unless ＝ except when or except if（〜である場合を除いて、〜でない限り）である。これを本文にあてはめてみると「その顧客が来ない限りイエーツ氏はがっかりする」となり不自然である。A unless B が暗示するのは、「A しないための唯一の条件が B すること」ということで、本文にあてはめれば、「がっかりしないための唯一の条件が、その顧客が来ること」（＝その顧客が来る場合のみがっかりしない）となる。これではその顧客以外の人が来てもがっかりすることを暗示し、不自然なのである。なお、if not は物事が起こるのか起こらないのかわからないという想定であるのに対し、もう一方の unless は物事が十中八九起こらないと想定する点において大きな違いがある。

『接続詞』で高得点 Get! 必須ポイント5

① 前置詞の目的語になっている場合 if 節はとらず、whether 節のみが許されている。
　例) It all **depends upon whether** you can contradict the boss.

② 強調構文にて理由を節で強調する場合、since, as は使えず because だけが可能である。
　例) It was **because staff members worked very hard** that the project was completed on schedule. ［because を since, as に置き換えられない］

③ 「〜のときに」という意味合いで working at the headquarters のような句が続く場合、その前に置かれる言葉は while であり during ではない。while (I was) working at the headquarters と考えられるからである。

④ 「〜だけれども」という意味で as を使って、**Young as she is**, she is sturdy.（彼女は若いけれどしっかりしている）と表現できる。

⑤ unless = if not は厳密には正確でなく、**unless = except when or except if**（〜である場合を除いて、〜でない限り）である。
　例) His parents will be disappointed if he doesn't pass the exam.（彼が試験に通らなければ両親はがっかりする）において、if 以降を unless he passes the exam とすれば、「彼が試験に受からない限り、両親は（どんなことにも）がっかりする」といった不自然な意味になってしまう。

要注意！
意味の曖昧な文を見抜く大特訓②！

次の文はすべて曖昧ですが、どう曖昧なのかわかりますか？

(1) The bank robber almost killed the teller.
(2) The planning manager is on the right of his secretary.
(3) Two reps met three clients today.
(4) Every legal advisor has some philosophy in mind.
(5) The bank president hit the convertible.

(1) a. 銀行強盗は、銀行の（窓口の）出納係の人を傷つけて瀕死の状態にした。
　　b. 銀行強盗は、銀行の（窓口の）出納係の人をもう少しで殺すところだった（実際には傷つけていない）。
(2) a. 企画部長は彼の秘書から見て右側にいる。
　　b. 企画部長は彼の秘書から見て左側にいる。
(3) a. 今日は、2人の営業担当が一緒に3人の顧客に同時に出会った。
　　b. 今日は、2人の営業担当が3人別々の顧客に会った。
(4) a. どの顧問弁護士も共通した1つの哲学を心に持っている。
　　b. どの顧問弁護士も、中身は異なるが何らかの哲学を1つ心に持っている。
(5) a. 頭取は、そのオープンカーにぶつかった。
　　b. 頭取は、そのオープンカーを殴った。

　(1) は kill の意味の違いによって曖昧性が生じる例です。kill someone は cause someone to die と分析できますが、**almost が cause を修飾するか、die を修飾するか**で曖昧性が生まれ、die を修飾する場合は a の意味に、cause を修飾する場合は b の意味になります。(2) は視点の違いによって曖昧性が生じる例です。秘書の視点で捉えると、a の意味になり、2名が第3者（例えば話者）の方を向いているとしたら、企画部長は向かって左にいます。The planning manager is on his secretary's right. という文なら、通常、

視点は secretary となり、a の意味しか出ません。(3) は数量詞の数え方の差で生じる曖昧性で、2名の営業担当が同じ3人の顧客に会った場合と、3人の別々の顧客に会った場合があります。(4) は微妙で、every の影響が some より強いと a の意味に、some の影響が every より強いと b の意味になります。(5) は the bank president が「意図を持たない主語」の場合は a の意味に、「行為者」の場合は b の意味になります。

愛読者カード弊社WEBサイトからもご意見、ご感想の書き込みが可能です！

この本のタイトル				月　日頃ご購入
ふりがな お名前		性別 男女	年齢	歳
ご住所	郵便番号（　　　　）電話（　　　　　　　　）			
	都道 府県			
メールアドレス				

● **お客様の評価をお聞かせください**

　装丁 ― 良い　　悪い　　理由（　　　　　　　　　　　　　　　）

　価格 ― 高い　　適切　　安い

　レイアウト ― 読みやすい　　読みにくい

　　理由（　　　　　　　　　　　　　　　　　　　　　　　　　）

　内容 ― 期待通り　　期待はずれ

　　理由（　　　　　　　　　　　　　　　　　　　　　　　　　）

　総評 ― 良い　　悪い

　　理由（　　　　　　　　　　　　　　　　　　　　　　　　　）

● **明日香出版社の書籍購入の回数**

　始めて　　複数回（　　回）　　わからない

● **よく買う書籍の出版社名**

　（　　　　　　　　　　　　　　　　　　　　　　　　　　　　）

ご意見、ご感想をアスカのホームページで公開してもよいですか？　はい・いいえ

●どんな書籍を出版してほしいですか？

郵便はがき

112-0005

恐れ入りますが
50円切手を
お貼り下さい

東京都文京区水道2-11-5

明日香出版社 行

★小社書籍がお近くの書店さんで入手できないときはこちらのハガキでお申し込みください。
※別途送料がかかります。【代金引換】 下記の表からお選び下さい。

ご購入 合計金額（税込）	1500円以上　クロネコ200円	
	1500円以下　クロネコ500円	
	一律　　　　ゆうパック200円	

書　　名	冊数

弊社WEBサイトからもご意見、ご感想の書き込みが可能です！
明日香出版社HP http://www.asuka-g.co.jp

6. 関係詞問題大特訓（10問）

制限時間3分

1. The new accounting software ------- the state-of-the-art data-analysis technology is expected to be launched early next month.
   (A) is incorporated
   (B) is incorporating
   (C) which incorporates
   (D) in which

2. He is the engineer ------- invented the smoke detecting device three years ago under the supervision of Dr. Arnold Murphy.
   (A) whom you believe
   (B) you believe
   (C) what you believe
   (D) which you believe

3. The reason ------- the research firm we had contracted with gave us was not good enough to give up starting the promising project.
   (A) for which   (B) why   (C) which   (D) by which

4. The participants in the sales meeting held in Vienna had an exchange of views in German, ------- language I did not understand.
   (A) whose   (B) for which   (C) of which   (D) which

5. The personnel department is planning to offer a two-hour seminar, ------- we will be able to learn a lot about marketing strategy.
   (A) while   (B) during which   (C) which   (D) as

6. The development of the anticancer drug has led to a situation ------- they can turn around the LECKS Pharmaceutical, Ltd. within three years.
   (A) where   (B) when   (C) on which   (D) which

7. Mr. King, General Manager of the R&D Center, advised his subordinates to take ------- necessary measures they needed to complete the development.
   (A) which   (B) what   (C) that   (D) whose

8. Everybody in our branch office was highly impressed by the efficiency ------- our new boss could manage the project.
   (A) that   (B) which   (C) in which   (D) with which

9. The engineering manager wrote many reports on project management, ------- carried useful pieces of information we can learn a lot from.
   (A) what   (B) some of which   (C) of which   (D) and that

10. The part of the project report I was impressed by most was ------- most production lines achieved the efficiency goal within a month.
    (A) what   (B) where   (C) in which   (D) with which

解答＆解説

1. 〈正解〉 **(C)** which incorporates 〈800レベル〉
〈訳〉 最新のデータ分析技術を組み込んだ新しい会計ソフトは来年早々発売されると期待されている。
〈ポイント〉 本文は2つの名詞句と述語動詞で構成される文であるから、この前部の名詞句同士をつなげて主節にすればよい。これができるのは which incorporates のみ。

2. 〈正解〉 **(B)** you believe 〈950レベル〉
〈訳〉 彼が、アーノルド・マーフィ博士の監督下で、3年前にその煙検出装置を開発したとあなたが信じている技術者である。
〈ポイント〉 構文はSVCのC（補語）となる先行詞の the engineer に invented ～以下が関係詞節として修飾する構文である。意味的に engineer と invented は SV の関係となるので、

これをつなぐ関係詞は主格の who であり、そして you believe が挿入文であることがわかる。関係代名詞の主格は you believe などで挿入される場合は省略できるので、(who) you believe が正解。

3. 〈正解〉 (**C**) which 〈860レベル〉
〈訳〉 われわれが契約した調査会社が提出した理由では、その有望なプロジェクトに着手するのをあきらめるのには不十分であった。
〈ポイント〉 早合点して the reason why と考えてはいけない。本文をよく見ると reason が gave の直接目的語になっていることから、関係代名詞の which が正しい。

4. 〈正解〉 (**D**) which 〈950レベル〉
〈訳〉 ウィーンで行われた販売会議の出席者はドイツ語で意見の交換を行ったが、私にはその言語は理解できなかった。
〈ポイント〉 コンマ以降を普通の語順に直すと and I did not understand that language となり、先行詞の German(ドイツ語)は that language で言い換えられる。この that に相当する関係形容詞は which となる。its language でない点に注意!! its language で書き換えられるような場合(先行詞が Germany など)は、関係代名詞 whose を用いる。

5. 〈正解〉 (**B**) during which 〈950レベル〉
〈訳〉 人事部門は2時間のセミナーを計画しているが、その中でマーケティング戦略についてたくさんのことを学べるだろう。
〈ポイント〉 後続の文の we will be able to 〜は完全な文なので、文構造を補う形での関係詞の (C) which や (D) の as は入らない。接続詞の (A) の while は文脈上無理なので、先行詞の a two-hour seminar を受けた during which が正解。

6. 〈正解〉 (**A**) where 〈800レベル〉
〈訳〉 抗ガン剤の開発により、LECKS 製薬会社は3年以内に経営を立て

直せる状況となっている。
〈ポイント〉　situation などの「状況」を表す先行詞の場合、解答の where（関係副詞）や in which などが多く用いられるが、文の構造によって（D）の which が関係代名詞として入る場合があるので要注意!!

7.〈正解〉（B）what　〈950レベル〉
〈訳〉　研究開発センター長のキング氏は部下に、その開発を完了させるために必要なあらゆる措置を講じるように助言した。
〈ポイント〉　文脈と文法から what（〜する全部の、〜するだけの）という節を導く関係形容詞が入る。これに little や few を付け加えた、what little money I have（私が持っているわずかながらのお金全部）という文のパターンはよく出題される!!

8.〈正解〉（D）with which　〈730レベル〉
〈訳〉　われわれの支店の誰もが、新しい支店長が効率よくプロジェクトを運営するのにとても感心した。
〈ポイント〉　先行詞となる efficiency を含めた空欄以降を普通の語順に書き直せば、our new boss could manage the project with efficiency となるので、with which が正解。また、前置詞の with を文尾に置いて efficiency which our new boss could manage the project with と表現できる。

9.〈正解〉（B）some of which　〈860レベル〉
〈訳〉　技術部長が多くのプロジェクト管理のレポートを書いていたが、その中の一部は多いに学ぶべき有益な情報を含んでいた。
〈ポイント〉　先行詞が many reports となり、空欄以降の文の構造は、空欄が主語で carried 以下が述部になることがわかる。この文構造から（A）の what と（C）の of which はあてはまらず、（D）の and that は根本的に文法が誤った選択肢である。残る（B）の関係代名詞を組み込んで全体とし

て主格の役割を果たす some of which が正解。

10. 〈正解〉 （**B**）where 〈950レベル〉
〈訳〉 私が最も感銘を受けたプロジェクト報告書の部分は、ほとんどの生産ラインが1カ月以内に能率目標を達成したというところだ。
〈ポイント〉 本文は The part of the project report 〜 by most の主部、動詞の was、most production lines 〜 within a month の1文からなる構文である。（A）の what は most 以下の文が SVO 構文として完結しているため入らない。（C）の in which や（D）の with which は先行詞がなく、文を構成できない。was の補語となる、the place の先行詞を省略した関係副詞節を導く where が正解。

『関係詞』で高得点 Get! 必須ポイント5

① 主格の場合であっても、I know や we think が挿入される場合は関係代名詞は省略可能である。
　例）He is a type of person (who) <u>we think</u> would attract many people. において who は省略可能。

② いつも the reason why とは限らず、the reason which の場合もある。
　例1）This is the reason why I did it.
　例2）The reason which you gave me was not enough to persuade them. において、you gave me the reason のように **reason は直接目的語**になっているから、関係代名詞 which を使わなければならない。

③ whose と which の注意を要する使い分け
　例1）They spoke in Italian, **which** language we did not understand. において、コンマ以降は and we did not understand **that** language と書き換えられる。
　例2）They spoke in Italian, **whose** grammar we did not understand. において、コンマ以降は and we did not understand **its** grammar と書き換えられる。

④ some [none, both, either, neither, many, etc.] of which の用法
　例1）I have two cars, **both of which** are very expensive.
　例2）They brought in a large amount of food, **the sight of which** discouraged my appetite.（彼らは大量の食べ物を持ち込んだが、それを見て［あまりの多さに］私の食欲はなくなってしまった）

⑤ what と混同しやすい where の用法
　例）The part of the book I was impressed most with was **where** information about eco-friendly technologies was comprehensively described.
　（その本の最も優れたところは環境に優しい技術情報をいかんなく記述している点であった）

　　where の中の文章は SV 構文として完結しているので、この where を what と置き換えることはできない。関係代名詞 what = the thing(s) which であるという基本的事項に照らし合わせて考えれば明らかである。

要注意！
受動態の極意を学ぶ！

受動態に関して次のことが言えます。
(1) a. すべての SVO 構文が受動態を作るとは限らない。
b. SVO 構文でない構文が受動態を作らないとは限らない。

例えば、The secretary to the president had a basket on her arm.（その社長秘書は腕にかごをかけていた）は、通常、受動態は不可です。(2) は (1a) の例です。

(2) × A basket was had on her arm by the secretary to the president.

また、The wet nurse looked after the illegitimate child.（乳母はその私生児の面倒を見た）は、SVO 構文ではないものの受動態が可能です。これは (1b) の例となります。

(3) ○ The illegitimate child was looked after by the wet nurse.

look after は take care of と交換可能で、後者は care を目的語とする SVO 構文ですが、of 以下の名詞を主語にでき、care という目的語の部分を主語にすることもできます。しかし、この部分を、形容詞などをつけて具体化すると更によくなります。

(4) a. ○ The illegitimate child was taken care of by the wet nurse.
b. △ Care was taken of the illegitimate child by the wet nurse.
c. ○ Special care was taken of the illegitimate child by the wet nurse.

次のような観察もあります。

(5) a. The associate professor looked into the viewfinder of the camera.（准教授はカメラのファインダーをのぞき込んだ）
b. △ The viewfinder of the camera was looked into by the associate professor.

(6) a. The associate professor looked into the cause of the phenomenon.（准教授はその現象の原因を調べた）
　　b. ○ The cause of the phenomenon was looked into by the associate professor.
(7) a. The professor emeritus slept on the bed.（名誉教授はそのベッドで眠った）
　　b. △ The bed was slept on by the professor emeritus.
(8) a. The professor thought on the bed.（教授はベッドの上で考えた）
　　b. × The bed was thought on by the professor emeritus.
(9) a. John sat on the armchair.（ジョンはその肘掛け椅子に座った）
　　b. × The armchair was sat on by John.

　(5) と (6) から、**「意味が抽象化された場合は受動態が可能」**であること、(7) と (8) から、**「前置詞以下の名詞が動詞と意味的に強く結びつくほど受動態が可能」**であることがわかります。

7. 特殊構文問題大特訓 (10問)

制限時間3分

1. To maximize the efficiency of the reimbursement procedure, Mclane Corporation requests that any employees who make a business trip ------- their forms and receipts promptly.
   (A) submitting
   (B) submit
   (C) to submit
   (D) have submitted

2. No sooner ------- by the board of directors than the project team held the kick-off meeting at the headquarters.
   (A) the project was approved
   (B) the project had been approved
   (C) was the project approved
   (D) had the project been approved

3. As the total output of heavy industry declined throughout the nation due to changes in the business environment, ------- the income of the people concerned.
   (A) as   (B) while   (C) so that   (D) so did

4. Gensen Corporation succeeded in developing a state-of-the-art robot that operates in dangerous areas, though ------- without difficulty.
   (A) not   (B) it was   (C) no   (D) nor

5. ------- has the electronic component business situation been more complicated and subject to drastic change than over the past ten years.
   (A) Negatively
   (B) Substantially
   (C) Rarely
   (D) Absolutely

6. While accurate figures are not available all over the world, most specialists generally ------- temperatures and CO_2 concentration are increasing slowly.
   (A) agree to (B) agree that
   (C) has agreed (D) agrees to

7. ------- that they have limited resources to use, they have to make the most of them to finalize the current project.
   (A) Given (B) Having been given
   (C) Giving (D) Having given

8. This year's funding limits ------- a freeze on additional employment and promotion for the remainder of the fiscal year.
   (A) are necessary (B) necessary
   (C) necessarily (D) necessitate

9. Those who are interested in a top New York attraction have ------- the end of the week to get the ticket.
   (A) yet (B) by (C) in (D) until

10. A series of measures to turn around the ailing company, ------- taken over the following two years, will relieve some shareholders.
    (A) which are (B) to be (C) being (D) will be

解答＆解説

1. 〈正解〉 **(B)** submit 〈730レベル〉
   〈訳〉 払い戻し手続きの効率を最大に高めるため、Mclane Corporation 社は出張する従業員に書式と領収書を迅速に提出するよう求めている。
   〈ポイント〉 動詞に request 等の要求動詞をとる that 節内の動詞は「原形」となることから submit が正解。

第2章　文法問題大特訓

2. 〈正解〉（**D**）had the project been approved 〈860レベル〉
〈訳〉　重役会がそのプロジェクトを承認するやいなや、プロジェクト・チームは本社で第1回目のミーティングを開催した。
〈ポイント〉　no sooner ～ than ...（～するやいなや…する）の構文で、no sooner ～などの「否定形」が文頭に来たときは倒置が起こるので要注意!!

3. 〈正解〉（**D**）so did 〈860レベル〉
〈訳〉　ビジネス環境の変化により国内の重工業界の総生産高は減少し、またその関係者の収入も減少した。
〈ポイント〉　後続の文の the income of the people concerned は名詞句となるので、（B）の while や（C）の so that の接続詞では文が成立しない。（A）の as を前置詞と考えたとしても意味が通じない。残る so did が正解で、前の動詞句の declined throughout the nation due to changes in the business environment を so do + S という代動詞（＝同じ動詞の反復を避けるために用いる動詞）の用法で倒置した文となる。

4. 〈正解〉（**A**）not 〈900レベル〉
〈訳〉　楽ではなかったが、Gensen 社は危険な場所で作業する最新のロボットの開発に成功した。
〈ポイント〉　主文は「ロボットの開発に成功した」という内容で、従属節では譲歩の接続詞の though（～であるけれども）と始まる。この文脈から「（ロボットの開発は）楽ではなかったけれども」としないと意味は通じない。この意味の英文は though（it was）not without difficulty となり、it was は省略できるため not が正しい。

5. 〈正解〉（**C**）Rarely 〈860レベル〉
〈訳〉　この10年間ほど電子部品のビジネス状況が複雑になり急激な変化に左右されるようになったことはめったになかった。
〈ポイント〉　空欄以降は通常の文だと The electronic component

business situation has been ～となるが、本文では倒置文となる。この倒置は否定詞が文頭に来ることによって起きるので Rarely が正解。Negatively は「否定的に」という意味であるが否定詞ではないので要注意!!

6. 〈正解〉 (**B**) agree that 〈730レベル〉
〈訳〉 世界中で正確なデータが入手できないが、大半の専門家は一般に気温と CO_2 濃度がゆっくり上昇していることに同意している。
〈ポイント〉 コンマ以降の文の主語は複数形で、空欄以降は SV の文の形となっている。従って agree that のみが正しい。

7. 〈正解〉 (**A**) Given 〈860レベル〉
〈訳〉 使用できる資源が限られているので、彼らは進行中のプロジェクトを完了させるためにそれらを最大限に活用しなければならない。
〈ポイント〉 文脈から判断して、決まり文句の Given that 節（～を考慮に入れると、～と仮定すると）を選ばなければならない。

8. 〈正解〉 (**D**) necessitate 〈860レベル〉
〈訳〉 今年の財源に限度があるので、今年度の残りの期間の採用と昇進を凍結する必要がある。
〈ポイント〉 文脈から、主語が This year's funding limits で目的語が a freeze ～とわかるので、これらをつなげるのは動詞の necessitate のみである。

9. 〈正解〉 (**D**) until 〈950レベル〉
〈訳〉 ニューヨークのトップアトラクションにご興味のある方は、今週中にそのチケットを購入する必要があります。
〈ポイント〉 have until the end of the day [week, month, year] to do（今日［今週、今月、今年］中に～する必要がある）という決まり文句であり、広告に多用される。by を選びたいところだが、慣用なので選べず until が正しい。ちなみに by のコンセプトは、その時点までの行為の完了を示すのに対して、until のコンセプトはその時点までの行為の継

続を表す。

10. 〈正解〉 **(B)** to be 〈950レベル〉
〈訳〉 その業績のふるわない会社を立て直す一連の方策が、今後2年に渡って実施されるので、安心する株主もいることだろう。
〈ポイント〉 over the following two years は「未来」を示す表現なので、「現在」の時制を表す（A）の which are や（C）の being は使えない。また、（D）の will be は文法的に無理で、A series of measures を後ろから修飾する「未来志向の不定詞」の to be が正しい。解答以外では which are to be や which will be が使用できる。

『特殊構文』で高得点 Get! 必須ポイント5

① no sooner ～ than ... , hardly[scarcely] ～ when[before] ...「～するないなや…した」において、no sooner, hardly [scarcely] の直後は「過去完了の倒置形」となる。
　例1）No sooner **had they left** the building than they began to talk about another project.
　例2）Hardly **had I arrived** at the station when the train left.

② 否定または準否定の副詞語句（never, seldom, rarely, on no account, etc.）を文頭に置く場合、倒置形を用いる。
　例）On no account **are you allowed** to touch the exhibits.
　注）negatively（否定的に）は否定詞ではない。

③ 決まり文句 Given that 節「～ということを考慮に入れると」
　例）**Given that** our competitors are also developing environmentally friendly products, we have to accelerate our efforts in R&D to survive the competition.（競合他社も環境に優しい製品を開発しているということを考慮に入れると、わが社も競争を勝ち抜くために研究開発努力を加速しなければならない）

④ 決まり文句 have until the end of the day [week, month, year] to do「今日［今週、今月、今年］中に～する必要がある」**by** でなく **until** となっている点に注意。聞き慣れない表現と思うかもしれないが、英語圏での広告等で頻繁に使われている。
　例）Contracts signed by March 15 have **until** the end of July to close.

⑤ 不定詞 to は「未来を志向」している。
　例）The machines **to be installed** in the factory next week will arrive here tomorrow.（来週工場に設置される予定の機械は明日ここへ到着する）
　　未来を表す言葉 next week があるから、**to be installed** は（being）installed とは言えない。

要注意！
難解な強調構文の極意を学ぶ！

一般に英文は強調したい部分を強調できますが、できない場合もあるので要注意です。

The acting manager relocated his office to Osaka last September, since he thought it would help increase the sales of his company's newly developed products.
（部長代理は、会社が新たに開発した商品の売り上げを伸ばす効果があると考えたので、彼の事務所を昨年の9月に大阪に移転した）

強調構文は、it was ～ that 節の形なので、次のような強調構文が可能です。

> (1) It was **the acting manager** that relocated his office to Osaka last September.
> (2) It was **his office** that the acting manager relocated to Osaka last September.
> (3) It was **to Osaka** that the acting manager relocated his office last September.
> (4) It was **last September** that the acting manager relocated his office to Osaka.
> (5) It was **since he thought it would help ... products** that the acting manager relocated...

（1）から（4）はOKですが、（5）のようにsince節は強調できません。**「文を直接構成している名詞句や副詞句は強調できる」**のですが、since節は旧情報を表し、旧情報は文の聞き手や読み手がわかっている情報なので強調する必要はないからです。（6）のbecause節は新情報なので強調できますが、（7）bのように例外もあります。

> (6) It was because he thought it would help ... products that the acting manager relocated...

(7) a. She is probably drunk now because she has been drinking so much.
  （たくさん飲んでいたので、おそらく彼女は今酔っているよ）
 b. She is probably drunk now, because I saw her staggering a little while ago.
  （彼女は今酔っ払っているかもしれないよ、少し前よろめいているのを見たから）

　(7a) の because 節は「酔い」の直接原因を示していますが、(7b) の because 節は「酔い」を証明する理由を述べており、「よろめいているのを見ること」は彼女の酔いの原因となりません。よって、このコンマがついた because 節も強調構文で強調できません。

8. 比較問題大特訓（１０問）

1. Ecomo Motors, Ltd., the ------- of the two automobile companies in Korea, is developing an environmentally friendly car.
   (A) smallest　(B) small　(C) smaller　(D) more small

2. Mr. Jake Thompson, who is a ------- competent General Manager, is expected to take over as President in a couple of years.
   (A) most　(B) more　(C) less　(D) least

3. Ms. Yamaoka, a global player in our company, has visited ------- fifteen foreign countries in the past three years.
   (A) no more than　　(B) not least than
   (C) not more than　　(D) no less than

4. Due to its success with the latest product, our company has made twice as ------- profit in this quarter as it did in the comparable quarter last year.
   (A) most　(B) more　(C) much　(D) same

5. He did not have the ------- idea that the company president would speak to him at the banquet at the exclusive hotel.
   (A) smallest　(B) slightest　(C) minimum　(D) farthest

6. Mr. Cutler, who has been a sales representative since he was transferred to the Paris office, is ------- than competent.
   (A) brighter　(B) the brightest　(C) bright　(D) more bright

7. The new manager of the accounting department is no ------- competent than the previous one who retired three months ago.
   (A) less   (B) much more   (C) most   (D) least

8. You, as the project manager, should have known better than ------- the project behind schedule for a full month.
   (A) leave   (B) to leave   (C) not to leave   (D) not leave

9. The department manager cannot address such a simple task allocation to his staff members, ------- evaluations of them in the whole department.
   (A) let down   (B) let off   (C) let in   (D) let alone

10. Mr. Anderson, who is the head of the R&D Center, feels ------- when he is discussing experiment results with his subordinates.
    (A) the happiest   (B) more happy
    (C) happiest   (D) more happier

解答&解説

1.〈正解〉**(C)** smaller 〈730レベル〉
〈訳〉 Ecomo Motors社は韓国の2つの自動車会社のうちの小さい方ですが、環境に優しい車を開発しています。
〈ポイント〉 二者の比較の場合は「the＋比較級＋of the two＋名詞複数形」として表現できるから smaller が正しい。

2.〈正解〉**(A)** most 〈860レベル〉
〈訳〉 非常に有能な本部長であるジェーク・トンプソン氏は、2, 3年のうちに社長職を引き継ぐと予想されている。
〈ポイント〉 文脈から most が正しく、most には「very」の意味がある。more も可能では？と思う人もいるかもしれないが、than 以下がないので比較の対象がはっきりせず曖昧で好ましくない。

3. 〈正解〉 （**D**）no less than　〈950レベル〉

〈訳〉　わが社のグローバル・プレーヤーである山岡氏は、過去3年間に15カ国も訪問した。

〈ポイント〉　意味的に「15カ国も訪問した」か「少なくとも15カ国を訪問した」である。選択肢には前者を意味するno less thanしかないからこれが正解である。ここでこれに関する一連の「決まり文句」を覚えておこう。

① no more than ≒ only：わずかの、ほんの、たったの
② no less than ≒ as many [much] as：〜ほども多くの
③ not more than ≒ at most：〜よりも多くない→せいぜい
④ not less than ≒ at least：〜よりも少なくない→少なくとも

覚え方のコツ：noとnotを比較すると意味の強い方はnoである。だからまずno more thanがonly（たったの）という意味であることを無条件で覚える。次にno less thanはno more thanとまったく反対だから、as many [much] as（〜ほども多くの）の意味である。notの場合は、「直訳→自然な日本語」の順番で考えればよい。

4. 〈正解〉 （**C**）much　〈730レベル〉

〈訳〉　最新の製品の成功により、わが社の今年の今四半期は、昨年の同四半期の2倍の利益を出した。

〈ポイント〉　「twice as 〜 as」と原級比較の倍数表現でprofitが量を表していることから、muchが正しい。

5. 〈正解〉 （**B**）slightest　〈860レベル〉

〈訳〉　彼はその豪華なホテルの晩餐会で、会社の社長に話しかけられるとは思いもよらなかった。

〈ポイント〉　not have the slightest idea（少しも〜と思わない、さっぱりわからない）という慣用表現の知識を問う問題である。「物理的に最も遠い」という意味のfarthest [furthest]で置き換え可能。

6. 〈正解〉 **(D)** more bright 〈860レベル〉
〈訳〉 パリ支店に転勤になって販売員をしているカトラー氏は、有能というよりは頭がいい。
〈ポイント〉 本文は同一人[物]が持っている性質を比較する場合で「類似比較」と言われる。従って brighter とはできず、more bright が正しい。

7. 〈正解〉 **(A)** less 〈950レベル〉
〈訳〉 新経理部長は3カ月前に退職した前経理部長に劣らず有能である。
〈ポイント〉 本文は、A is no more competent than B. (A は B と同様有能ではない) か、A is no less competent than B. (A は B に勝るとも劣らず有能である) のいずれかの文である。選択肢から後者の文の less が正解。

8. 〈正解〉 **(B)** to leave 〈860レベル〉
〈訳〉 あなたはプロジェクト・マネージャーとして、そのプロジェクトを丸1カ月も遅らせるべきではなかった。
〈ポイント〉 本文は know better than to do (〜しないだけの分別がある) という表現の知識を問う問題である。

9. 〈正解〉 **(D)** let alone 〈860レベル〉
〈訳〉 その部長はスタッフ全員の評価は言うまでもなく、そのような簡単な各スタッフに対する仕事の配分すらできない。
〈ポイント〉 (A), (B), (C) はいずれも句動詞で、evaluations 以下の名詞句とは意味的にも結びつかない。残る let alone 〜 (〜は言うまでもなく) が前置詞的な役割を果たして、動詞 address の目的語の such a simple task allocation 〜と、同格となる名詞句の evaluations of them 〜を結びつける。

10. 〈正解〉 **(C)** happiest 〈860レベル〉
〈訳〉 開発研究所長のアンダーソン氏は、部下と実験結果について話し合っている時がもっとも楽しい。
〈ポイント〉 同一の人[物]についての比較では、叙述形容詞の最上級でも定冠詞をつけない場合で happiest が正しい。

『比較』で高得点 Get! 必須ポイント5

① most は最上級の場合に加えて「very の意味」がある。
　例）It was **a most enjoyable party**.〔most = very だから、a most となっている〕

② no more than, no less than, not more than, not less than の意味
　no more than ≒ only：わずかの、ほんの、たったの
　no less than ≒ as many [much] as：〜ほども多くの
　not more than ≒ at most：〜よりも多くない→せいぜい
　not less than ≒ at least：〜よりも少なくない→少なくとも
　覚え方のコツ：no と not を比較すると意味の強い方は no である。だからまず no more than が only（たった）という意味であることを無条件で覚える。次に no less than は no more than とまったく反対だから、as many [much] as（〜ほども多くの）の意味である。not の場合は、「直訳→自然な日本語」の順番で考えればよい。

③ 決まり文句 not have the slightest [furthest, faintest, remotest] idea about 〜「〜について少しも見当がつかない」
　例）He doesn't have **the slightest** idea about the cause of the problem.

④ 同一人［物］が持っている性質を比較する場合（類似比較）
　例）You are **more brave** than active.（braver とはならない）

⑤ 決まり文句 know better than to do「〜しないだけの分別がある」
　この形を正確に頭に入れておくこと。例えば know better than do, know better than doing, know better than not to do などとしてはいけない。
　例）I should have **known better than to say** such a thing to him.

複雑な比較構文を見抜く
大特訓！

これであなたも英語の達人！

(1) The insurance canvasser wants **to** manage **to** decide **to** plan **to** modify her sales methods.（その保険外交員は営業方法の修正計画の決定を何とかしたいと思っている）

　(1) 文は V to do 形式の構造が4つも重なった、やや極端な例ですが、あり得る構造です。さらに異なる構造が複数絡まった次の文はいかがですか？

(2) The project was **too much more** challenging **than** the one the reliable securities analyst hit upon for the senior managing director **to** employ it as a kind of wonder drug capable of recovering his nearly bankrupt securities firm.

　too は more を修飾できないので、more を修飾できる much が more に添えられています。すると too は much を修飾できるので、この時点で、「more ～ than … の比較構文に too ～ to do … の構文を絡ませる」ことが可能になるのです。そして、the reliable securities analyst hit upon がまとまっていて、その前に「関係詞 (that)」が省略されており、「先行詞」は the one です。for 以下の the senior managing director は to employ 以下の意味上の主語です。capable of ～ は a kind of wonder drug（［比ゆ的に用いて］起死回生の施策）を修飾しています。よって (2) 全体の意味は、「そのプロジェクトは、その信頼できる証券アナリストが思いついたものよりもあまりにも難しいので、専務はそれを、彼の倒産寸前の証券会社に対する起死回生の施策として採用しなかった」となります。

9. 仮定法問題大特訓（１０問）

1. In order to achieve the sales goal for the third quarter, the company that ------- would not recruit new sales representatives will offer job openings.
   (A) it   (B) only   (C) promptly   (D) otherwise

2. If we had had more competent personnel who could speak English fluently, we ------- our branches all over the world now.
   (A) could have had   (B) had
   (C) would have   (D) had had

3. ------- you have any inconvenience with the date, please let me know as soon as possible so that we can reschedule our sales meeting.
   (A) Might   (B) Should   (C) Would   (D) Could

4. The head of the engineering department gave an order that Mr. Adams ------- the design of the new product by the end of the month.
   (A) completes   (B) complete
   (C) would complete   (D) completed

5. Ms. Randolph, CEO of NEOTECH, Inc. insisted in the press conference that it ------- a state-of-the-art industrial robot.
   (A) develops   (B) develop
   (C) would develop   (D) developed

6. ------- Mr. Anderson proposed the construction of the road, the traffic in the center of the city would be jammed now.
   (A) Unless   (B) Hadn't   (C) If   (D) Granting

7. ------- a large amount of income from advertizing, magazines could not be sold so cheaply these days.
　（A）Had it not been for　　（B）If it had not been for
　（C）Were it not for　　　　（D）If it was not for

8. I wish our engineers who had skills in designing a similar device ------- up with design ideas on the product in those days.
　（A）have come　（B）had come　（C）came　（D）come

9. I ------- appreciate it if you could come to our headquarters in New York with your estimate proposal at your earliest convenience.
　（A）could　（B）might　（C）should　（D）would

10. This video game would have sold more than 100,000 units ------- TOMCO Electronics, Inc. launched it before the Christmas season.
　（A）has　（B）would have had　（C）did　（D）had

解答&解説

1. 〈正解〉　（**D**）otherwise　〈950レベル〉
〈訳〉　第3四半期の売り上げ目標を達成するために、その会社はもしそうでなければ販売員を募集しないのだが、募集するだろう。
〈ポイント〉　（A），（B），（C）はいずれも文意が成立せず、残るotherwise［= if not］が正しい。本文では、そのotherwiseが前部の文内容を受けてIf the company didn't achieve the sales goal, the company would not recruit new sales representatives. という意味の仮定法を形成する。

2. 〈正解〉　（**C**）would have　〈860レベル〉
〈訳〉　もしわが社に流暢に英語を話せる有能な社員がいたならば、今頃は世界中に支店を持っているのだが。

〈ポイント〉　この文はif節が「仮定法過去完了」、また文脈と文尾にnowが用いられていることから、主節は現在の内容を仮定した「仮定法過去」となっている。従ってwould haveが正解。

3. 〈正解〉　(**B**) Should　〈800レベル〉
〈訳〉　万一販売会議の日取りに不都合があれば、再スケジュールできるようにできるだけ早くご連絡ください。
〈ポイント〉　(A), (C), (D) の助動詞はいずれも文法上成立しない。残る (B) の Should（万一～ならば）が正しい。本文は倒置形であるが、普通に書くと、If you should have ～となる。

4. 〈正解〉　(**B**) complete　〈860レベル〉
〈訳〉　技術部長はアダムズ氏に今月末までに新製品の設計を完了するよう命じた。
〈ポイント〉　要求動詞と同様に要求名詞をとる場合も、that 節内の動詞は「原形」となることから complete が正解。同じく、要求形容詞（例：It is imperative that ～）もこの用法にあてはまる。

5. 〈正解〉　(**C**) would develop　〈860レベル〉
〈訳〉　NEOTECH 社の CEO であるランドルフ氏は、同社が最先端の産業ロボットを開発すると記者会見で主張した。
〈ポイント〉　本文の insist は要求動詞の意味はなく"主張する"という意味となる。従って、要求動詞のとる that 節内が仮定法現在の「(should)＋動詞の原形」ではなく、直接法となるので最も自然な時制としなければならない。従って時制の一致を受けた would develop が正しい。

6. 〈正解〉　(**B**) Hadn't　〈860レベル〉
〈訳〉　アンダーソン氏が道路建設を提案していなかったならば、市の中心部の交通は今頃渋滞しているだろう。
〈ポイント〉　文尾に now が用いられていることから主節は現在の内容

を仮定した「仮定法過去」であることがわかる。(A) の Unless は仮定法には使えず、(C) の If では意味が通じない（[現在] 道路建設の提案をしていないことになる）。(D) の Granting（仮に～としても）も同様に意味は通じない。残る (B) の「仮定法過去完了」が倒置となった Hadn't が正解。(※ unless を選べば仮定法過去になってしまい、それだけで NG であるが、仮に形の上であてはまる場合でも unless は使えないことになっている。)

7.〈正解〉(C) Were it not for　〈730レベル〉
〈訳〉広告からの多額の収入がなければ、今日の雑誌はそれほど安く販売できないだろう。
〈ポイント〉文脈から、現在を仮定する仮定法過去の決まり文句の If it were not for（もし～がなければ）を倒置した Were it not for が正しい。ちなみに (B) が過去を仮定する仮定法過去完了の「もし～がなかったなら」のバージョンで、(A) がその倒置形となる。

8.〈正解〉(B) had come　〈860レベル〉
〈訳〉類似する装置を設計するスキルのあるエンジニアたちが、その当時、その製品に関する設計のアイデアを出していてくれたらよかったのに。
〈ポイント〉in those days（その当時）とあるように「過去において実現できなかった願望」となるので、仮定法過去完了形の had come が正解である。

9.〈正解〉(D) would　〈730レベル〉
〈訳〉貴殿の都合のつく最も早い時期に、見積もり提案をご持参の上、ニューヨーク本社へいらしていただけるとありがたいのですが。
〈ポイント〉I would appreciate it if ～（～していただければありがたいのですが）という決まり文句より、正解は would となる。このような「仮定法過去」は語気緩和（丁寧な控えめな表現）としてよく使われる。

10. 〈正解〉 （**D**）had 〈900レベル〉

〈訳〉 TOMCO Electronics 社がこのテレビゲームをクリスマスのシーズン前に発売していたら、10万台以上は売れていただろうに。

〈ポイント〉 本文は if 節が主節の後ろに置かれた「仮定法過去完了」の文であり、さらにその if 節が倒置された複雑な構文である。この if 節を普通に書くと、**if** TOMCO Electronics, Inc. <u>**had**</u> launched it ～となる。従って **had** が正解。因みに、この if 節の前にコンマは置かれないことが多い。慣れていないと構文が理解できず、正しく英文解釈できないので注意が必要である。

『仮定法』で高得点 Get! 必須ポイント5

① 仮定法過去と otherwise を融合させている場合
　例) A knowledge of a foreign culture makes you understand what you would **otherwise** fail to understand.（外国の文化を知れば、[それを知らなければ] 理解できないことを理解できるようになる）
　otherwise は if you didn't know a foreign culture を意味している。

② 条件節が「仮定法過去完了」で主節が「仮定法過去」の変則型
　例) If he **had gone** to America to study English last summer, he **would be** able to speak English now.

③ ビジネスレターの決まり文句「Should you ＋動詞原形（もし～であれば）」
　例) **Should you visit** our headquarters, please drop in at my office.
　条件節は If you should visit ... の倒置形である。

④ 仮定法過去完了の倒置形かつ否定形の場合
　例) **Hadn't you completed** the project on schedule, you would have been forced to stay out of the new one.（もしもあなたがそのプロジェクトをスケジュール通り完了していなかったならば、新プロジェクトには入っていなかっただろう）

⑤ 仮定法過去完了で条件節が主節の後ろへ置かれ、倒置され、had の前にコンマが置かれない場合。→**仮定法と気づきにくい**から要注意!!
　例) She wouldn't have said such a thing **had she known** the fact.
　（彼女はもしその事実を知っていたならば、そのようなことは言わなかっただろう）

要注意！
副詞の神秘を探る！

これであなたも英語の達人！

　副詞は極めて複雑怪奇な品詞です。形容詞を強調する very も、動詞を修飾する quickly も、動詞と組み合わさりいろいろな意味を表す out もすべて副詞という品詞に属するという点で、他の品詞と異なり、雑多なイメージがあります。

(1) The real estate appraiser didn't die happily.（その不動産鑑定士は幸せには死ななかった［＝不幸な死に方をした］）

　(1)の文はいやなイメージですが、この不動産鑑定士を一気に生き返らせる方法があります。コンマ1つで意味が変わるのです。

(2) The real estate appraiser didn't die, happily. / Happily, the real estate appraiser didn't die.（その不動産鑑定士は幸せにも死ななかった［＝幸せなことに死ななかった］）

　これは happily に「幸せなことに」という文を修飾する副詞用法があるからです。(2)において、happily は die を修飾しているのではなく、文全体を修飾しているのです。

　文副詞でない限り、否定文の文頭に来ることはできません。だから、happily が文頭に来ると文副詞の意味しか表しません。そして、文副詞が文尾に来るときは、通常、コンマを用います。文副詞は、次のように疑問文の文頭に来ることができる文副詞が、最も「影響（修飾）力が強く」なります。

(3) Honestly, did the air traffic controller take a nap?

　この文は、次の2つの意味に曖昧です。文脈によって意味が決まると思われます。

(4) a. I want to ask you honestly to tell me whether the controller took a nap.
　　（私は正直に聞きます。管制官はうたた寝していたのかどうか教えてください）
　　b. I want to ask you to tell me honestly whether the controller took a nap.

（あなたは正直に言ってください。管制官はうたた寝をしていたのかどうかを）

　副詞の語順については、この honestly のような副詞の次に、ある事象に対して何らかの評価をする文副詞（先ほどの happily や surprisingly など）、ある事象に対する認識のレベルを表す文副詞（certainly や possibly など）、主語に対して何らかの評価をする文副詞（carelessly や foolishly など）の順に用いるのが文法的です。なお、この**「LY で終わる副詞は、隣接してはいけない」**という原則があるので、すべてを用いる場合は、次のように少しずつ離して使用しましょう。

(5) <u>Honestly</u>, the controller, <u>surprisingly</u>, may <u>possibly</u> have <u>carelessly</u> taken a nap.（<u>正直言って</u>、管制官は、<u>驚いたことに</u>、<u>おそらく</u>、<u>不注意なことに</u>、居眠りをしたかもしれないよ）

10. 可算・不可算名詞問題大特訓（10問）

制限時間3分

1. The science fiction movie to be released this summer is so entertaining that it is expected to attract ------- throughout the world.
   (A) a large audience   (B) much audience
   (C) many audiences   (D) a large audiences

2. Twenty days ------- quite a short time for them to develop such a complicated device as that in those days.
   (A) is   (B) are   (C) were   (D) was

3. Statistics in this report ------- that our competitor's soft drink is far better than ours in both quality and price.
   (A) show   (B) shows   (C) are shown   (D) is shown

4. There is a rumor that the police ------- the manager's responsibility for the accident since it occurred in March.
   (A) are looking into   (B) have been looking into
   (C) is looking into   (D) has been looking into

5. Mr. Parker, who was my boss in the previous company, used to do me ------- when I had trouble addressing customer complaints.
   (A) many kindnesses   (B) a kindness
   (C) many kindness   (D) a kindnesses

6. The company president was disappointed to learn that ------- of the budget for the third quarter had been used for the less important project.
   (A) two-third   (B) two thirds   (C) two-thirds   (D) two third

7. Many an employee ------- to take several days off by the end of this month because a great deal of work prevented them doing so last month.
   (A) wants   (B) wanted   (C) has wanted   (D) want

8. All of the clients are advised to follow the map in our brochure when they visit our -------, which is located in the center of the city.
   (A) headquarter   (B) head quarter
   (C) headquarters   (D) head-quarters

9. In order to meet the market demand, our company has increased the production capacity by ------- average of 10% every quarter.
   (A) the   (B) an   (C) over   (D) for

10. ------- of the evidence has been investigated very carefully by the committee members in reaching the conclusion.
    (A) Every   (B) Both   (C) All   (D) Each

解答＆解説

1. 〈正解〉 **(A)** a large audience　〈730レベル〉
〈訳〉 この夏に公開される予定のそのSF映画はとてもおもしろいので、世界中でたくさんの聴衆を呼び込むと予想されている。
〈ポイント〉 audience は単複両用の扱いをする集合名詞であるため、1つのまとまりか、もしくは個々で構成する要素のいずれかの意味を持つ。本文では、audience を1つのまとまりとして見なし、圧倒的に使用される a large audience が正解。

2. 〈正解〉 **(D)** was　〈730レベル〉
〈訳〉 当時としてはそのような複雑な装置を開発するのに、20日間は彼らにとって非常に短期間であった。

〈ポイント〉　twenty days の期間を「1つの意味の単位」と捉えて単数扱いとなる。また、文末に過去の時を表す in those days があることから was が正しい。

3.〈正解〉（**A**）show　〈860レベル〉
〈訳〉　このレポートの統計データによれば、競合他社のソフトドリンクはわが社のものと比べて品質と価格の両面において断然よい。
〈ポイント〉　statistics は単複で意味の異なる単語で、単数なら「統計学」、複数なら「統計の数字」を意味する。本文では、文脈から後者の複数の「統計の数字」の意味となり show が正しい。

4.〈正解〉（**B**）have been looking into　〈860レベル〉
〈訳〉　3月に事故が起こって以来、警察はその事故に対する管理者の責任について調査を行っているという噂である。
〈ポイント〉　(the) police は常に「複数形」で使用される（the は省略可能）。時制は There is a rumor ～とあるように、「現在」の時点に焦点を置きながら、話の内容は「過去」における時点の "since it occurred in March" から現在までとなる。従って have been looking into が正解。

5.〈正解〉（**A**）many kindnesses　〈950レベル〉
〈訳〉　パーカー氏は私の前職での上司でしたが、顧客からの苦情を処理する際にうまくいかないときには何度も親切に助けてくれました。
〈ポイント〉　通常 kindness は抽象名詞で数えられないイメージが非常に強いが、意外にも本文のように「親切な行為」として数えることができる。

6.〈正解〉（**C**）two-thirds　〈860レベル〉
〈訳〉　その会社の社長は、第3四半期の予算の3分の2があまり重要でないプロジェクトに使われたのを知って落胆した。
〈ポイント〉　（C）の two-thirds が正解で、「3分の2」という分数を英語で表記できるかどうかの知識を問う問題である。

7. 〈正解〉 **(A)** wants 〈860レベル〉
〈訳〉 多くの従業員が先月は忙しくて休暇がとれなかったので、今月末までには何日かの休暇をとりたいと思っている。
〈ポイント〉 「多くの〜」を意味する「many a(n) ＋単数名詞」は単数扱いとなる。また、主節で by the end of this month が使用されているので wants が正解となる。また、wants の代わりに has been wanting の現在完了進行形でも OK。

8. 〈正解〉 **(C)** headquarters 〈860レベル〉
〈訳〉 私どもの本社は市の中心部に位置しておりますが、お客様がこちらへお越しの際にはパンフレットにある地図をたどっていただくようお願いいたします。
〈ポイント〉 「本社」を意味する headquarters の語法知識の問題である。通常では、この単語から s をとった形では使用せず、単数扱いにすることが多い。

9. 〈正解〉 **(B)** an 〈860レベル〉
〈訳〉 市場の要求を満たすために、わが社は四半期ごとに生産能力を平均して10％ずつ増加させた。
〈ポイント〉 「平均して」を意味する by an average of という語句の知識を問う問題である。

10. 〈正解〉 **(C)** All 〈950レベル〉
〈訳〉 その結論に至るにあたって、委員会のメンバーによって証拠のすみずみまでとても綿密に調べられた。
〈ポイント〉 evidence は不可算名詞となるので、いずれも複数名詞をとる Every of [Both of, Each of] the evidence とはできない。「All of the 複数名詞」「All of the 単数名詞［不可算名詞］」と単複両方の名詞をとることができる All が正解。

『可算・不可算』で高得点 Get! 必須ポイント5

① 通常は抽象名詞であるものが普通名詞化できる場合がある。
例1) Beauty is but skin deep.（美：抽象概念）
例2) His new convertible is **a** real **beauty**!（見事なもの：具体的）

② statistics は①統計学、②統計（の資料、の数字、データ）の意味があり、前者は「単数扱い」、後者は「複数扱い」である。
例) **Statistics** in this paper **show** that customer preference has been changing from the turn of the century.

③ many a ～「多くの～」は単数扱いである。
例) Many an applicant **comes** to my office to take a job interview every week.

④ headquarters（本社）、outskirts（郊外）、overseas（海外の、海外で）は語尾に s がついているが複数形というわけではない。しかも、s のつかない形の英単語は存在しない。
例) Our **overseas headquarters** is located on the **outskirts** of Paris.（わが社の海外本社はパリ郊外に位置している）

⑤ 「～ of the ＋不可算名詞」の場合、～に every, each は置けず、「～のすべて」という意味では all が入るのみである。
例) **All** of the necessary information **has been** sent to your computer in the office by Intranet.
（すべての必要な情報はあなたの事務所のコンピュータにイントラネットで送ってあります）

これであなたも英語の達人！

要注意！
「否定」の神秘を探る！

　否定文は要注意で、どこまでを否定しているかを見極める必要があります。例えば
(1) The judicial scrivener is happy with no jobs.
　　は次の2つの解釈ができます。
(2) a. The judicial scrivener is happy without any jobs.
　　　（その司法書士は仕事がない状態で(も)幸せを感じている）
　　b. The judicial scrivener is not happy with any jobs.
　　　（その司法書士はどんな仕事にも満足を感じない）
　(2a) の解釈は no が jobs のみを修飾する**「語否定」**、(2b) の解釈は no が jobs のみならず、is happy も否定する**「全否定」**です。with 句を文頭に置いた場合、「全否定」の解釈になるためには、次のように「疑問文的倒置」が起こります。
(3) a. [(2a)] With no jobs the judicial scrivener is happy.
　　b. [(2b)] With no jobs is the judicial scrivener happy.
　語否定と文否定の例をもう2つ挙げましょう。
(4) The dental hygienist looks pretty in no clothes.
　　　a. 語否定 → その歯科衛生士は、服を身につけなかったらかわいく見える。
　　　b. 全否定 → その歯科衛生士は、どの服を身につけてもかわいく見えない。
　これは (1) の場合と同様、in no clothes を文頭に置いた場合に語順が異なり、それによって意味がクリアになります。
(5) a. [(4a)] In no clothes the dental hygienist looks pretty.
　　b. [(4b)] In no clothes does the dental hygienist look pretty.
　更に、「否定辞」が主語に来ている意味の曖昧な例を挙げておきましょう。
(6) No oysters made the tax attorney happy.
　　　a. 語否定 → 牡蠣がなかったので、その税理士は嬉しかった。
　　　b. 全否定 → どの牡蠣もその税理士を満足させなかった。

第2章　文法問題大特訓

　さて皆さんいかがでしたか。第2章「文法問題大特訓」のスコアはよかったですか。かなりハードな問題が多かったでしょう。この章が苦手な人はもう一度復習して、英文法をマスターしましょう。それでは皆さん、次は「前置詞問題大特訓」に参りましょう。

第3章

前置詞問題大特訓

TOEICのPart 5の40問中、5～6問は毎回、正しい前置詞を問う問題が出ます。大半は易しいもので、TOEIC700点レベルぐらいの人であればほとんど正解できますが、中には860点レベル以上の問題もときどき出題されています。本書の読者であれば「このときどき出題されるものを確実に正解すること」が目標となるわけです。そこで950点の人でも間違ってしまうような前置詞の用法を挙げておきます。

- ☐ **under** scrutiny（監視されて）
- ☐ **pending** further research（さらなる調査まで［待って］）
- ☐ **barring** a miracle（奇跡でも起こらなければ）
- ☐ be credited **with** the reputation（その評判の功績を認められる）
- ☐ carry **over** the balance（残高を繰り越す）
- ☐ be instrumental **in** improvement（改善に役立っている）
- ☐ **upon** [**on**] request（要求あり次第）
- ☐ bid **for** the project（プロジェクトに入札する）
- ☐ **out of** commission（使用不能の）
- ☐ cater **to** upscale customers（富裕層を相手にしている）
- ☐ proceeds **from** the concert（コンサートの売上金）
- ☐ cash **before** delivery（引き渡し前の現金払い）
- ☐ remittance **by** bank draft（銀行為替による送金）
- ☐ speculation **about** the future（未来についての憶測）
- ☐ tax deduction **at** source（源泉での税徴収）
- ☐ write **off** half his debt（彼の負債の半分を帳消しにする）
- ☐ The economy has turned **around**.（経済が好転した）
- ☐ be identical **to** your opinion（あなたの意見と同じである）
- ☐ earmark funds **for** the project（そのプロジェクトに資金を充てる）
- ☐ culminate **in** success（成功に終わる）

　さて、次ページからは860点レベルを基調にした前置詞問題大特訓に取り組んでいただきます。なにしろ前置詞はほぼ無限と言っていいぐらい多いので網羅はできませんが、過去の出題実績を踏まえ、今後出題の予想される粒よりの問題となっています。皆さん、張りきって解いてみてください。

前置詞問題大特訓①

制限時間3分

1. Mr. Cutler, president of SomeTech, Inc, has decided to accept the offer ------- the objections of the development project members.
   (A) on   (B) in   (C) over   (D) at

2. It is necessary for us to weigh the upsides ------- the downsides to decide when to start this extremely huge project.
   (A) with   (B) against   (C) over   (D) to

3. He was finally offered the transfer to another section ------- this firm that he had requested to the personnel department.
   (A) over   (B) among   (C) at   (D) within

4. We are sending the products which you have already ordered, along with an updated brochure ------- per your request.
   (A) in   (B) as   (C) with   (D) for

5. All the participants in the conference are advised to follow the signs ------- the exits on the third floor at the end of the meeting.
   (A) into   (B) to   (C) at   (D) after

6. They have announced that they will release the schedule of the annual convention ------- the determination of a suitable replacement.
   (A) pending   (B) on   (C) concerning   (D) by

7. All of the participants in the marketing seminar are advised to sign up at the receptionist desk ------- entering the conference room.
   (A) in (B) about (C) upon (D) for

8. It is natural that the company have reservations ------- the reputations of the newly released product last month.
   (A) about (B) on (C) over (D) with

9. We can continue to export our products to European countries ------- drastic fluctuations in the dollar-euro exchange rate.
   (A) barring (B) by (C) on (D) within

10. The research center courteously placed ------- our company's disposal its large collection of high-resolution photos.
    (A) on (B) at (C) in (D) for

解答＆解説

1. 〈正解〉 **(C)** over 〈860レベル〉
   〈訳〉 SomeTech 社の社長であるカトラー氏は、開発プロジェクト・メンバーの反対を押し切ってその申し出を受け入れることに決めた。
   〈ポイント〉 文脈は「開発プロジェクト・メンバーの反対を押し切って」であり、over が正しい。over は「〜を超えて」がその基本的意味であるが、ここから「押し切って」という意味が派生している。

2. 〈正解〉 **(B)** against 〈860レベル〉
   〈訳〉 この非常に巨大なプロジェクトの開始時期を決めるために、メリットとデメリットを比較する必要がある。
   〈ポイント〉 文脈は「メリットとデメリットを比較する」であるから against が正しい。weigh A against B で「A と B を比較する」というイディオムである。

3. 〈正解〉 **(D)** within 〈730レベル〉
〈訳〉 彼は人事部門へ要請していた会社内部の他部署への異動をついに許可された。
〈ポイント〉 文脈は「会社内部の他部署への異動をついに許可された」だから within が正しい。

4. 〈正解〉 **(B)** as 〈860レベル〉
〈訳〉 ご要望に従い、最新のカタログを添えて、ご注文のあった商品を発送しております。
〈ポイント〉 文脈は「あなたの要求に従って」だから as が正しい。as per ～は according to ～と同様に「～通り、～に従って」という意味である。

5. 〈正解〉 **(B)** to 〈730レベル〉
〈訳〉 すべての会議参加者は会議終了時には3階にある出口への表示に従うようにしてください。
〈ポイント〉 文脈は「会議終了時には3階にある出口への表示に従う」だから to が正しい。to を使った表現では、この他にも access to information「情報を入手すること」、clue to the scene「現場の手がかり」などが重要である。

6. 〈正解〉 **(A)** pending 〈950レベル〉
〈訳〉 彼らは適切な代わりの場所の決定を待って年次総会のスケジュールを公にすると発表した。
〈ポイント〉 文脈は「適切な代わりの場所の決定を待って」だから pending が正しい。pending は形容詞としては「未解決の」、前置詞としては「～の結果が出るまで、～まで待って」という意味である。

7. 〈正解〉 **(C)** upon 〈860レベル〉
〈訳〉 マーケティング講習会の参加者は全員、会議室に入り次第、受付にて登録を済ませてください。
〈ポイント〉 文脈は「会議室に入り次第、受付にて登録する」だから

upon が正しい。upon [on] を使った表現では、他に upon [on] request「要求あり次第」、upon [on] arrival「到着次第」、on call「待機して」、upon [on] receipt「受領次第」が重要である。

8. 〈正解〉 (**A**) about 〈860レベル〉
〈訳〉 その会社が先月発売になった新製品の評判を気にしているのは当然である。
〈ポイント〉 文中の the reputations of 〜（〜の評判）を目的語にとる、have reservations about 〜（〜に関して疑い［不安］を感じる）というイディオムの知識を問う問題である。

9. 〈正解〉 (**A**) barring 〈950レベル〉
〈訳〉 ドルとユーロの交換率に大きな変動がなければわが社の製品をヨーロッパ諸国に輸出し続けられる。
〈ポイント〉 「製品を輸出し続けることが可能」という文脈から、barring（〜がなければ）が正解。barring は without に置き換え可能。

10. 〈正解〉 (**B**) at 〈860レベル〉
〈訳〉 その研究所は親切にも、そこが大量に所蔵している高解像度写真集をわが社が自由に使うことを許可してくれた。
〈ポイント〉 文脈は「大量の高解像度写真集をわが社が自由に使うことを許可する」だから at が正しい。place 〜 at one's disposal（〜を［人］の自由にさせる）が普通の語順であるが、本文では〜の部分が長いので at one's disposal の後ろに置かれている点に注意する必要がある。

★高得点 Get! TOEIC で狙われる for の用法 TOP10!★

- [ ] qualify **for** the loan（融資を受ける資格がある）
- [ ] file **for** bankruptcy（破産を申請する）
- [ ] trade in my car **for** a new one（新車に乗り換える）
- [ ] reimburse her **for** the transportation cost（彼女に交通費を返金する）
- [ ] call **for** a prompt response（迅速な対応を求める）
- [ ] be eligible **for** promotion（昇進の資格がある）
- [ ] be liable **for** the damage（その損害賠償に責任がある）
- [ ] be headed **for** the concert venue（コンサート会場に向かっている）
- [ ] be intended **for** personal use only（個人使用向けのみ）
- [ ] forgive him **for** making the mistake（彼がミスしたことを許す）

★高得点 Get! TOEIC で狙われる on の用法 TOP10!★

- [ ] ban **on** export（輸出禁止）
- [ ] interest **on** the loan（ローンの利息）
- [ ] **on** request（請求があり次第）
- [ ] **on** average（平均して）
- [ ] take **on** new responsibilities（新たな責任を負う）
- [ ] count **on** the Internet for information（ネットに情報を頼る）
- [ ] be keen **on** studying abroad（留学したがっている）
- [ ] work **on** the car（車を修理する）
- [ ] levy a tax **on** the product（商品に税を課す）
- [ ] decision **on** the future（未来に関する決断）

前置詞問題大特訓②

1. To invent the state-of-the-art video game, the application ------- highly advanced electronic engineering was needed.
   (A) to   (B) of   (C) for   (D) on

2. Considering her previous experience in marketing, we should exempt Ms. Thunderson ------- taking the mandatory training routine.
   (A) off   (B) of   (C) with   (D) from

3. It is clear that these terms of payment in the contract could be used ------- the advantage of most consumers.
   (A) at   (B) on   (C) to   (D) for

4. Our brand-new product released a week ago is expected to be a hit because of the frequent coverage ------- the media.
   (A) for   (B) by   (C) on   (D) of

5. Access to the confidential documents on the new development is not permitted, ------- to the authorized department staff.
   (A) except   (B) with   (C) as   (D) on

6. Our export business was severely damaged by the appreciation of the yen three years ago, but it has ------- turned around.
   (A) as   (B) regarding   (C) since   (D) until

7. The construction company has promptly submitted a bid ------- the government contract upon request for submission.
   (A) to   (B) in   (C) for   (D) on

8. Although it was the most difficult assignment ever, Mr. John Connell finally managed to pull it -------.
　(A) over　(B) off　(C) out　(D) of

9. Persons ------- Ms. Coleman's ability climb up the ladder of success whatever job they may be engaged in.
　(A) with　(B) in　(C) of　(D) for

10. These days our marketing department is dedicated to catering ------- the whims of consumers to increase sales.
　(A) for　(B) on　(C) in　(D) to

解答＆解説

1. 〈正解〉 **(B)** of　〈800レベル〉
〈訳〉　その最先端のテレビゲームを発明するために、高度な電子工学の応用が必要であった。
〈ポイント〉　文脈は「高度な電子工学の応用（適用）」だから of が正しい。「～への適用」ならば application to ～ となるが、ここではそういう意味では文脈が成立しない点に注意が必要である。

2. 〈正解〉 **(D)** from　〈860レベル〉
〈訳〉　マーケティングでのサンダーソン氏の経験を考えれば、彼女が必須トレーニングコースを聴講することは免除すべきである。
〈ポイント〉　文脈は「サンダーソン氏には必須トレーニングコースを聴講することから免除すべきである」だから from が正しい。exempt 人 from doing で「[人] を～から免除する」というイディオムである。

3. 〈正解〉 **(C)** to　〈950レベル〉
〈訳〉　本契約におけるこれらの支払い条件を大半の顧客の有利になるように使うことができるのは確かだ。
〈ポイント〉　文脈は「大半の顧客の有利になるように使われる」だから to

が正しい。to the advantage of ～で「～の有利となるように」というイディオムである。

4. 〈正解〉 (B) by 〈800レベル〉
〈訳〉 マスコミによって何度も取り上げられたので、1週間前に発売されたわが社の新製品は大ヒットになると期待されている。
〈ポイント〉 文脈は「マスコミによって何度も取り上げられたので」だから by が正しい。be covered by the media を名詞フレーズで表現したと考えればよい。

5. 〈正解〉 (A) except 〈860レベル〉
〈訳〉 権限を与えられた部門スタッフを除いて、新開発に関する機密文書の入手は許可されていない。
〈ポイント〉 the confidential documents（機密文書）のアクセスを許可されるのは the authorized department staff だけと解釈して、except（～を除いて）を選ばなければならない。

6. 〈正解〉 (C) since 〈950レベル〉
〈訳〉 わが社の輸出ビジネスは3年前円高で大打撃を受けたが、それ以降立ち直った。
〈ポイント〉 まず後文の it は Our export business を受け、そして空所は has ------- turned around.（現在完了）とあるように前置詞が入る構造ではない。ここには、前文の three years ago の内容を受ける副詞的用法の since（それ以降）が入る。

7. 〈正解〉 (C) for 〈860レベル〉
〈訳〉 その建設業者は提出の要求があり次第、迅速に政府公共事業の入札をした。
〈ポイント〉 文脈は「提出の要求があり次第、政府公共事業の入札をした」だから for が正しい。「政府公共事業を落札する」ならば submit a winning bid for the government

contract となる。

8. 〈正解〉 (**B**) off 〈860レベル〉
〈訳〉 その仕事は最も難しかったが、ジョーン・コネル氏は最終的にその仕事を何とかうまくやってのけた。
〈ポイント〉 文脈は「ジョーン・コネル氏は最終的にその仕事を何とかうまくやってのけた」だから off（副詞）が正しい。pull off ~ は句動詞で「~をうまくやってのける」という意味である。

9. 〈正解〉 (**C**) of 〈860レベル〉
〈訳〉 コールマン氏のように能力の高い人はどんな仕事についても出世するものである。
〈ポイント〉 文脈は「コールマン氏のような能力の高い人」だから of が正しい。別の英語で表現すれば able persons like Ms. Coleman ということになる。

10. 〈正解〉 (**D**) to 〈860レベル〉
〈訳〉 今日わが社のマーケティング部門は売り上げを伸ばすために顧客の気まぐれに応じるよう努めている。
〈ポイント〉 文脈は「売り上げを伸ばすために顧客の気まぐれに応じる」だから to が正しい。cater to ~ で「~に迎合する、応じる」で、類似表現に pander to ~ がある。

★高得点 Get! TOEIC で狙われる to の用法 TOP10!★

- [ ] amount **to** $50,000（5万ドルに達する）
- [ ] refer **to** the manual（使用説明書を参照する）
- [ ] treat him **to** a dinner（彼に夕食をおごる）
- [ ] report **to** Mr. Suzuki（鈴木氏の部下になる）
- [ ] proceed **to** the next item on the agenda（次の議題に進む）
- [ ] attribute success **to** efforts（成功は努力の結果である）
- [ ] conform **to** the regulations（その規則に従う）
- [ ] be subject **to** change（変更されることがある）
- [ ] be entitled **to** a salary increase（昇給の資格がある）
- [ ] be comparable **to** other products（他の商品と同等である）

前置詞問題大特訓③

1. Our company can offer a variety of products that can be customized ------- the interest of our customers.
   (A) in   (B) for   (C) at   (D) over

2. While the supervisor was away from the company for the overseas business trip, I was asked to fill in ------- him.
   (A) with   (B) over   (C) for   (D) out

3. Ms. Smith took over all of Mr. Anderson's responsibilities ------- his resignation last year for personal reasons.
   (A) as   (B) following   (C) for   (D) with

4. Due to a series of major breakthroughs ------- robotics technologies, industrial robots have become very efficient.
   (A) for   (B) on   (C) with   (D) in

5. When he decided to join the company situated far away from his hometown, Mr. Reeves did so ------- his own volition.
   (A) of   (B) for   (C) within   (D) over

6. At the press conference held yesterday, Ms. King declined to elaborate ------- the reason for her resignation as CEO of TomTECH, Inc.
   (A) on   (B) with   (C) in   (D) over

7. Ms. Miller was given an award ------- excellence at the annual award ceremony by the company president.
   (A) with   (B) in   (C) for   (D) on

8. It is urgent that we familiarize every employee ------- computers to survive this cutthroat competition.
(A) to (B) in (C) into (D) with

9. Although Necom Steel started as a small private company in 1963, it currently has 5,000 people ------- the payroll.
(A) on (B) over (C) in (D) within

10. It is important that we keep filing the documents ------- classification to eliminate time wasted on searching.
(A) within (B) into (C) in (D) by

解答＆解説

1.〈正解〉 **(A)** in 〈860レベル〉
〈訳〉 当社はお客様の利益のために特別仕様にできるさまざまな製品を提供できます。
〈ポイント〉 文脈は「顧客の利益のために特別仕様にできる」だから in が正しい。in the interest of の他にも「～の利益のために」は to [for] our benefit, to [for] our advantage と前置詞が変わる。

2.〈正解〉 **(C)** for 〈730レベル〉
〈訳〉 私は上司が海外出張で会社に不在の間、その代行をするよう依頼された。
〈ポイント〉 文脈は「上司の代行をするよう依頼された」だから for が正しい。fill in for 人で「～の代行をする」だが、stand in for 人も同様の意味である。

3.〈正解〉 **(B)** following 〈860レベル〉
〈訳〉 スミス氏はアンダーソン氏が昨年個人的な理由で辞任した後、彼の責任をすべて引き継いだ。
〈ポイント〉 文脈は「アンダーソン氏が個人的な理由で辞任した後」だから following が正しい。following は前置詞で、after

第3章　前置詞問題大特訓　125

4. 〈正解〉 (**D**) in 〈860レベル〉
〈訳〉 ロボット工学技術における一連の大躍進により、産業ロボットは非常に効率的になった。
〈ポイント〉 文脈は「ロボット工学技術における一連の大躍進により」だから in が正しい。

5. 〈正解〉 (**A**) of 〈860レベル〉
〈訳〉 リーブスさんは故郷の町から遠く離れた会社に入ろうと決めたとき、自分の意志でそうした。
〈ポイント〉 文脈は「リーブスさんは自分の意志でそうした」だから of が正しい。of one's own volition は「自分の意志で」という意味の必須イディオムである。at one's own volition とも言う。

6. 〈正解〉 (**A**) on 〈860レベル〉
〈訳〉 昨日の記者会見でキング氏は TomTECH 社の CEO を辞任する理由について詳しく述べるのは差し控えた。
〈ポイント〉 文脈は「キング氏は TomTECH 社の CEO を辞任する理由について詳しく述べるのは差し控えた」だから on が正しい。elaborate on ~ は「~について詳しく述べる」というイディオムである。

7. 〈正解〉 (**C**) for 〈800レベル〉
〈訳〉 ミラー氏は会社の年次授賞式で社長によって優秀賞を与えられた。
〈ポイント〉 an award for excellence（優秀賞）という名詞フレーズの知識を問う問題である。

8. 〈正解〉 (**D**) with 〈860レベル〉
〈訳〉 わが社では厳しい競争を勝ち抜くために従業員全員をコンピュータに習熟させることが急務である。
〈ポイント〉 文脈は「従業員全員にコンピュータ・スキルをつけさせる」

だから with が正しい。familiarize 人 with 事は「［人］に［事］を身につけさせる」という意味のイディオムである。

9. 〈正解〉 **(A)** on 〈950レベル〉
〈訳〉 Necom Steel 社は1963年に小さな民間企業としてスタートしたが、今では従業員数は5,000人である。
〈ポイント〉 文脈は「現在の従業員数は5,000人である」から on が正しい。be on the payroll は「雇われている」という意味のイディオムである。

10. 〈正解〉 **(D)** by 〈860レベル〉
〈訳〉 探すムダを排除するためにその文書は分類ごとにファイルすることが重要である。
〈ポイント〉 文脈は「探すムダを排除するために文書は分類ごとにファイルする」だから by が正しい。file A by B は「A を B ごとに分類してファイルする」という意味である。

★高得点 Get! TOEIC で狙われる with の用法 TOP5!★

☐ be infected **with** tuberculosis（結核に感染している）
☐ comply **with** the law（法律に従う）
☐ proceed **with** the negotiations（交渉を続ける）
☐ familiarize employees **with** the Internet（従業員をインターネットに精通させる）
☐ consult **with** a physician（医師に相談する）

前置詞問題大特訓④

1. The driving force ------- his dedicated efforts is to convince his supervisor how diligent and efficient he is.
   (A) to   (B) behind   (C) in   (D) of

2. The design idea for the new product was chosen ------- all the other ones in the selection meeting held last week.
   (A) for   (B) out   (C) over   (D) off

3. The specifications you have submitted to us are not compliant ------- government safety requirements.
   (A) to   (B) for   (C) with   (D) on

4. It was well ------- the week when the personnel department manager asked me to come to an interview for a job I had applied for.
   (A) onto   (B) in   (C) within   (D) into

5. It is imperative that they complete the development project ------- the parameters of a restricted budget.
   (A) under   (B) in   (C) within   (D) among

6. Mr. Keenan's doctor advised him to cut ------- on cigarettes and alcoholic beverages to stay healthy in the annual checkup.
   (A) down   (B) off   (C) away   (D) along

7. Each employee in our company is ------- obligation to maintain the confidentiality of our customer information.
   (A) with   (B) under   (C) on   (D) of

8. Everybody knows it is mandatory that every person who rents an apartment in this area insure it ------- fire.
(A) on　(B) in　(C) for　(D) against

9. The development of a state-of-the-art automated assembly machine will enable our company to expand ------- the next generation.
(A) into　(B) among　(C) onto　(D) for

10. The huge project turned expected profits commensurate ------- the funds and human resources put into it.
(A) on　(B) with　(C) of　(D) in

解答＆解説

1. 〈正解〉　**(B)** behind　〈860レベル〉
〈訳〉　彼の献身的努力の背後にある原動力は、上司に自分がいかに勤勉で有能か納得してもらうことである。
〈ポイント〉　文脈は「彼の献身的努力の背後にある原動力」だから behind が正しい。「～という原動力」ならば driving force of ～ となる。

2. 〈正解〉　**(C)** over　〈860レベル〉
〈訳〉　新製品の設計アイデアは先週行われた選別会議にて、他のすべての設計アイデアを負かして選ばれた。
〈ポイント〉　文脈は「新製品の設計アイデアは、他のすべての設計アイデアを負かして選ばれた」だから over が正しい。over の基本的意味は「超えて」だが、この場合の意味もここから派生している。

3. 〈正解〉　**(C)** with　〈860レベル〉
〈訳〉　御社が当社に提出した仕様書は政府の安全性の条件を満たしていない。
〈ポイント〉　文脈は「政府の安全要求に適合しない」だから with が正

しい。be compliant with ～は「～に適合する」という意味のイディオムである。動詞の場合もcomply with ～ となる。

4. 〈正解〉 (**D**) into 〈950レベル〉
〈訳〉 応募していた仕事の面接に来てほしいと人事部長から連絡があったのは、週の半ば過ぎのことであった。
〈ポイント〉 文脈は「～したのは週の半ば過ぎのことであった」だからintoが正しい。It is well into the day [week, month] when 節で「～するのは日［週、月］の半ば過ぎのことである」という意味の必須表現である。

5. 〈正解〉 (**C**) within 〈900レベル〉
〈訳〉 限られた予算の範囲内で開発プロジェクトを終了させることが必須である。
〈ポイント〉 文脈は「限られた予算の範囲内で開発プロジェクトを終了させる」だからwithinが正しい。within the parameters of ～は「～の範囲内で」という意味のイディオムである。

6. 〈正解〉 (**A**) down 〈800レベル〉
〈訳〉 キーナン氏の医者は年次検診の際に、健康を保つためにたばこと酒の量を減らすよう彼にアドバイスした。
〈ポイント〉 文脈は「たばこと酒の量を減らすようアドバイスした」だからdownが正しい。cut down on ～は「～を削減する」という意味のイディオムである。また、onが省略されることもある。

7. 〈正解〉 (**B**) under 〈860レベル〉
〈訳〉 わが社のすべての従業員は顧客情報に関する秘密を守る義務がある。
〈ポイント〉 文脈は「秘密を守る義務がある」だからunderが正しい。under obligation to do で「～する義務がある」という意味のイディオムである。underを使った表現では、他に

under construction「建設中で」、under consideration「検討中で」、under surveillance「監視されて」などが重要である。

8.〈正解〉 (**D**) against 〈860レベル〉
〈訳〉 この地区でアパートを借りる人はすべて火災保険をかけなければならないことを誰でも知っている。
〈ポイント〉 文脈は「この地区でアパートを借りる人はすべて火災保険をかけなければならない」だから against が正しい。insure ～ against fire は「～に火災保険をかける」というイディオムである。

9.〈正解〉 (**A**) into 〈860レベル〉
〈訳〉 最先端の自動組み立て装置を開発すれば、わが社は次世代へ発展できるだろう。
〈ポイント〉 文脈は「わが社を次世代へ発展させる」だから into が正しい。expand into A は「発展して A になる」という意味である。また expand A into B「A を発展させて B にする」という用法もある。

10.〈正解〉 (**B**) with 〈950レベル〉
〈訳〉 その大型プロジェクトは資金的および人的投資に見合った予想通りの利益を生み出した。
〈ポイント〉 文脈は「資金的および人的投資に見合った成果を生み出した」だから with が正しい。commensurate with ～ は「～に見合った」という意味のイディオムである。commensurate は動詞でなく形容詞である点も注意が必要である。

★高得点 Get! TOEIC で狙われる of の用法 TOP5!★

- [ ] irrespective **of** academic background（学歴に関係なく）
- [ ] relieve the company **of**［from］its debt（会社から負債を取り除く）
- [ ] warn drivers **of**［about］the danger（運転手たちに危険を忠告する）
- [ ] out **of** service（使用中止になって）
- [ ] one week ahead **of** schedule（予定より1週間早い）

★高得点 Get! TOEIC で狙われる in の用法 TOP5!★

- [ ] **in** excess of $7 million（700万ドルを超えて）
- [ ] **in** effect（事実上）
- [ ] **in** person（直接に、じかに）
- [ ] **in** return（お返しに）
- [ ] **in** a row（一列に）

前置詞問題大特訓⑤

制限時間3分

1. We would appreciate it if you could promptly remit your payment for the products you purchased from us ------- bank draft.
   (A) with   (B) on   (C) in   (D) by

2. Our company has been surviving the fierce competition due to our advantage ------- other competitors in the industry.
   (A) in   (B) of   (C) over   (D) against

3. Ten percent of the proceeds ------- the sale of our state-of-the-art product will go to local charities for children.
   (A) from   (B) on   (C) over   (D) by

4. I emailed to the company the day before yesterday to inquire ------- the status of job application.
   (A) of   (B) after   (C) about   (D) at

5. When we invested a great amount of money in that project three years ago, the future of our company was ------- stake.
   (A) on   (B) in   (C) of   (D) at

6. I can't believe that the marketing department is trying to generate advertising ------- word of mouth.
   (A) by   (B) with   (C) on   (D) for

7. When a fire accompanied by smoke occurred in the office just before the start of our sales meeting, the alarm loudly went -------.
   (A) on   (B) away   (C) off   (D) out

第3章　前置詞問題大特訓　133

8. The current president was 35 years old when he took over his father's responsibilities and turned the company -------.
(A) up　(B) around　(C) on　(D) over

9. Dr. Nicole Jones of our R&D center is said to be credited ------- the success of our newly released car.
(A) to　(B) for　(C) with　(D) about

10. We received an email from Ms. Thatcher ------- the effect that she will visit our headquarters tomorrow.
(A) of　(B) in　(C) on　(D) to

解答&解説

1. 〈正解〉 (**D**) by　〈950レベル〉
〈訳〉 当社よりご購入の品の代金を銀行為替で迅速にご送金いただけますとありがたく存じます。
〈ポイント〉 文脈は「あなたの購入品の代金を銀行為替で迅速に送金する」だから by が正しい。remittance by bank draft は「銀行為替による送金」という意味の必須表現である。

2. 〈正解〉 (**C**) over　〈860レベル〉
〈訳〉 わが社は業界における競合他社に対する優位性によって、熾烈な競争を勝ち抜いてきている。
〈ポイント〉 文脈は「業界における競合他社に対する優位性」だから over が正しい。over を使った表現では、他に triumph over ignorance「無知に対する勝利」、authority over my subordinates「部下に対する権威」が重要である。

3. 〈正解〉 (**A**) from　〈730レベル〉
〈訳〉 わが社の最先端の製品の販売利益の10%は子供のための地元の慈善事業に寄付されます。
〈ポイント〉 文脈は「最先端の製品の販売（からの）利益の10%」だから from が正しい。また the proceeds from [to, in, for]

the sale of 〜の順に多く用いられるが、from が断然頻度が高い。from を使った表現では、他に orders from the headquarters「本社からの命令」、permission from the authorities「当局の許可」が重要である。

4. 〈正解〉 (C) about 〈860レベル〉
〈訳〉 応募した職の状況について問い合わせるために、その会社へ一昨日 E メールを送った。
〈ポイント〉 文脈は「職の状況について問い合わせる」だから about が正しい。inquire of 人 about 物は「[物]について[人]に尋ねる」。inquire after 〜は「[人]の健康状態を尋ねる」だからここでは選べない。

5. 〈正解〉 (D) at 〈860レベル〉
〈訳〉 3年前にそのプロジェクトに巨額の投資をしたときには、わが社の将来がかかっていた。
〈ポイント〉 文脈は「わが社の将来がかかっていた」だから at が正しい。be at stake は「(生命・名誉などが) 危うい状態である、問われている」という意味のイディオムである。

6. 〈正解〉 (A) by 〈860レベル〉
〈訳〉 私にはマーケティング部門が口コミ宣伝をしようとしているのが信じられない。
〈ポイント〉 文脈は「口コミ宣伝をする」だから by が正しい。by word of mouth は「口コミで」という意味のイディオムである。

7. 〈正解〉 (C) off 〈860レベル〉
〈訳〉 ちょうど販売会議が始まる前に事務所で煙を伴った火事が起こったとき、警報機がけたたましく鳴った。
〈ポイント〉 文脈は「警報機がけたたましく鳴った」だから off が正しい。go off は「鳴る、爆発する、発射される」を意味する。これを他動詞的に表現すれば set off 〜「〜を鳴らす、〜を爆発させる、〜を発射する」となる。

8. 〈正解〉 （B）around 〈860レベル〉
〈訳〉 現社長は35歳のときに父親の業務を引き継ぎ会社を立て直した。
〈ポイント〉 文脈は「彼が父親の業務を引き継ぎ会社を立て直したとき」だから around が正しい。turn around は「好転させる、好転する」、bring around は「意識を戻させる」、come around は「意識を戻す」である。

9. 〈正解〉 （C）with 〈950レベル〉
〈訳〉 新発売となった車の成功は研究開発センターのニコル・ジョーンズ博士の功績だと言われている。
〈ポイント〉 文脈は「新発売となった車の成功はニコル・ジョーンズ博士の功績」だから with が正しい。credit 人 with 事、あるいは credit 事 to 人 の形で「［事］は［人］の功績とする」という意味である。本文を The success of our newly released car is credited to Dr. Nicole Jones. としても同じ意味となる。

10. 〈正解〉 （D）to 〈950レベル〉
〈訳〉 われわれはサッチャー氏が明日わが社の本社を訪れるという趣旨の E メールを彼女から受領した。
〈ポイント〉 文脈は「彼女が明日わが社の本社を訪れるという趣旨の E メール」だから to が正しい。to the effect that 節は「～という趣旨の」という意味の必須表現である。

★高得点 Get! TOEIC で狙われるその他の用法 TOP10!★

- □ **under** development（開発中で）
- □ bump **into** her（彼女に偶然出会う）
- □ insure my house **against** fire（家に火災保険をかける）
- □ **concerning** [**regarding**] the issue（その問題に関して）
- □ **within** walking distance（歩いて行ける範囲に）
- □ pull **over** a car（車を止める）
- □ abide **by** the law（法律に従う）
- □ start **from** scratch（ゼロから始める）
- □ **following** the meeting（ミーティングに続いて）
- □ **at** the cost of your health（健康を犠牲にして）

これであなたも英語の達人！
要注意！
第4文型と第3文型で意味が変わる!?

　第4文型から第3文型に換えるとき、give は必ずしも to のみをとるとは限りません。

(1) a. Her colleagues gave her a farewell party.
　　b. Her colleagues gave a farewell party for her.
　　c. △ Her colleagues gave a farewell party to her.

　(1) 文の意味は「彼女の同僚は彼女に送別会を開いてあげた」ということですが、to を用いるのは不自然です。また、次の文を見てください。

(2) a. The security company gave the surveillance camera for 300 dollars.
　　b. × The security company gave 300 dollars the surveillance camera.
(3) a. The janitor gave 300 dollars for the surveillance camera.
　　b. × The janitor gave the surveillance camera 300 dollars.

(2) a 文は「警備会社は300ドルで監視カメラを売った」、(3) a 文は「管理人は300ドルで監視カメラを買った」の意味ですが、ともに、第4文型は不可です。さらに、sell と buy では、以下のように第3文型化したときに前置詞が異なります。

(4) a. The security company sold the janitor the surveillance camera.
　 b. The security company sold the surveillance camera ○ to/ × for the janitor.
(5) a. The janitor bought his lodgers the surveillance camera.
　 b. The janitor bought the surveillance camera × to/○ for his lodgers.

(4) 文は「警備会社は管理人に監視カメラを売った」、(5) 文は「管理人は間借人に監視カメラを買ってあげた」の意味ですが、sell には to、buy には for を用います。さて、(1c)、(2b)、(3b)、(4b) および (5b) となる理由には次のように2段階の法則があります。

法則1：A to B も A for B も A と B が接近する場合に第4文型が可能

(2) b は、surveillance camera と300ドルは交換されるべきであるし、また交換しても接近させると変な英語になってしまいます。よって第4文型は不可能なのです。

法則2：A to B は動詞の行為によって A が B に届くこと（所有権）を暗示

これによってまず、(4b) と (5b) の違いが理解できます。(4b) においては売る行為により監視カメラは管理人のところに届いたことを暗示するので to を用いますが、(5b) では買ってあげただけで間借人には届いたかどうかわからないので for を用いるわけです。

(1) の状況では、送別会というものと彼女は離れるイメージを持たない（法則1を満たす）ものの、具体的に彼女のところに届くような代物ではない（法則2を満たさない）ので、to を用いることができないわけです。また for には「その人のため」という利益の意味も追加されることも覚えておきましょう。

さて皆さんいかがでしたか。第3章「前置詞問題大特訓」のスコアはよかったですか。前置詞の問題が苦手な人は非常に多いようです。この章が特に苦手な人は、前置詞をわかりやすく解説している本で勉強しましょう。それでは皆さん、次は「派生語問題大特訓」に参りましょう。

Part 5
語彙編

第4章

派生語問題大特訓

この章で扱うのは派生語で、一般の TOEIC 書で扱う「品詞問題」に相当します。TOEIC に出題される「品詞問題」は大半が型で解けてしまうので、本書の読者にとっては「正解して当たり前」のレベル（600点相当まで）の問題です。従って本書の大特訓はそんな上級者でも把握しきれていない、ひいては満点ゲットの目標の妨げとなる「正確な派生語の語法」を習得すべく、「同語源の形容詞形」「名詞形が複数に存在し紛らわしいもの」「分詞の形をした形容詞の使い分け」などの問題を厳選しました。このセクションをしっかりマスターすれば皆さんの派生語の知識は生まれ変わることでしょう！　例えば、TOEIC950点の人でも間違えてしまうのは次のようなものです。

- [ ] be **obligated** to attend the meeting（会議に出席する義務がある）が正解のところで、形容詞形の obligatory は語法的に不可能だと知らず、obligatory を選んでしまう場合。
- [ ] **qualifying** contest（資格を得るための試合）が正解のところで、qualify の派生語 qualifying（適格者選抜のための）と qualified（資格のある、適任の、条件つきの）を区別できないために間違ってしまう場合。
- [ ] monthly **installment** plan（月賦払い方式）が正解のところで、install の名詞形を installation（設置）しか知らず、installation を選んでしまう場合。
- [ ] pay a **retainer**（弁護士料を支払う）が正解のところで、retain の名詞形を retention（保持、保管）しか知らず、retention を選んでしまう場合。
- [ ] **discretionary** fund（自由に使える資金）が正解のところで、discreet（慎重な、思慮深い）との意味の区別が曖昧なため、discreet を選んでしまう場合。
- [ ] **exceeding** generosity（惜しみない気前よさ［寛大さ］）が正解のところで、動詞 exceed の形容詞形を excessive（度を超した）しか知らず、excessive を選んでしまう場合。
- [ ] **seasoned** driver（熟練した運転手）が正解のところで、seasonal（季節性の）や seasoning（香辛料）との意味が明確に区別できないため間違う場合。
- [ ] **attendant** problems on economy（経済に付随する問題）が正解

のところで、attendant の意味を「係員、付添い人」しか知らず、attendant を選べない場合。
□ formidable **competition**（手ごわい競争相手）が正解のところで、competition の意味を「競争」しか知らず、competition を選べない場合。

　いかがですか。かなりレベルが高いものばかりでしょう。こういった派生語までも知っている人が、文法セクション（Part 5と Part 6）に関しては何度受けても満点がとれ、ひいてはリーディングセクション全般に渡って満点、つまり TOEIC スコア全体で満点がとれる人と言えます。さてそれでは皆さん、今度は練習問題を通じて派生語問題トレーニングを受けていただきましょう。

派生語問題大特訓①

1. At a press conference, the UNI TECH CEO said that the ------- of the contract with its leading supplier would be announced next month.
   (A) detailing (B) details (C) detailed (D) detail

2. As Mr. Anderson enjoys working in the accounting division at our Atlanta office, he seems ------- to apply for a new position.
   (A) hesitated (B) hesitance (C) hesitant (D) hesitation

3. The recently released film *The Man* is a faithful ------- of Kevin William's well-known play.
   (A) adaptation (B) adoption (C) adapter (D) adaptive

4. It is urgent to promote a clean and ------- source of energy such as solar power.
   (A) renewable (B) renewal (C) renew (D) renewed

5. The environmental department is meeting to discuss what ------- the extensive construction project will have for the forest in the city.
   (A) implicate   (B) implicated
   (C) implicating (D) implications

6. SANTECH Ltd. reported a 10% decrease in net sales from the ------- quarter last year.
   (A) comparative (B) comparison
   (C) comparable   (D) compared

第4章　派生語問題大特訓　145

7. Ms. Wilson, President of ARTOS TECH, is retiring this summer after 30 years of ------- to her company.
（A）server　（B）service　（C）serving　（D）served

8. All of the companies are ------- to keep the confidentiality of their customer information under the law.
（A）obligatory　（B）obligation　（C）obliging　（D）obligated

9. The European ------- tournament for the Olympics will start in Berlin, Germany, at the beginning of October.
（A）qualification　（B）qualified　（C）qualifying　（D）qualify

10. Our company is currently becoming less ------- on exports due to a rapid increase in domestic sales.
（A）reliant　（B）reliable　（C）relying　（D）reliance

解答&解説

1. 〈正解〉（**B**）details　〈800レベル〉
〈訳〉　記者会見の席上、UNI TECH 社の CEO は来月、同社の主要サプライヤーとの契約の詳細が発表されると述べた。
〈ポイント〉　空欄には名詞が入るが、detail は可算名詞なので、ここでは複数形の details が正しい。

2. 〈正解〉（**C**）hesitant　〈860レベル〉
〈訳〉　アンダーソン氏はアトランタ支社の会計部門の職に満足しているので、新しい職には応募しないようです。
〈ポイント〉　be hesitant to do において be が seem に置き換えられているから hesitant が正しい。be hesitated to do でなく hesitate to do が正しい語法なので、hesitated は選べない。

3. 〈正解〉（**A**）adaptation　〈860レベル〉
〈訳〉　最近公開された映画『The Man』はケビン・ウィリアムズのよ

く知られた劇の忠実な再現である。
〈ポイント〉 名詞が入り、意味は「忠実な適用（再現）」となるので adaptation が正しい。

4. 〈正解〉 （A）renewable 〈800レベル〉
〈訳〉 太陽エネルギーのようにクリーンで再生可能なエネルギー源の活用が急務である。
〈ポイント〉 形容詞が入るので renewable が正しい。renewal は「更新」の意味の名詞だから選べない。また、renewed は「回復した」の意味である。

5. 〈正解〉 （D）implications 〈950レベル〉
〈訳〉 環境部門は広範に渡る建設計画がどのように市の森林に影響するかについて検討するために会議を開く。
〈ポイント〉 will have の目的語、即ち名詞形が入るので implications が正しい。

6. 〈正解〉 （C）comparable 〈950レベル〉
〈訳〉 SANTECH 社は昨年の同四半期よりも正味の売り上げが10%減少したと発表した。
〈ポイント〉 形容詞が入るが、意味を考えると "相当する四半期" となるから comparable が正しい。comparative は「比較による、相対的な」の意味である。

7. 〈正解〉 （B）service 〈860レベル〉
〈訳〉 ARTOS TECH 社の社長のウィルソン氏は30年間の同社での勤務を終え、この夏に引退する。
〈ポイント〉 名詞が入るが、文脈より「奉公」を意味する service が正しい。serving は「1人前分、給仕」の意味である。

8. 〈正解〉 （D）obligated 〈950レベル〉
〈訳〉 すべての会社は顧客情報の保護を法律で義務づけられている。
〈ポイント〉 「秘密を守る義務がある」であるから、be obligated to do

の表現となる。従って、obligated が正しい。obligatory は「義務的な」という意味であるが、be obligatory to do という語法はない。

9. 〈正解〉（**C**）qualifying　〈950レベル〉
〈訳〉　オリンピックの出場資格を獲得するためのヨーロッパ選手権が、10月の初旬にドイツのベルリンで始まります。
〈ポイント〉　ここでは、自動詞に由来する「資格を得る」を意味する qualifying が正しい。

10. 〈正解〉（**A**）reliant　〈860レベル〉
〈訳〉　わが社は現在、国内販売の急激な増加により輸出に頼らなくなってきている。
〈ポイント〉　文意は「輸出に依存しなくなる」だから reliant が正しい。reliable は「信頼性の高い」という意味である。

　さて皆さん、いかがでしたか？　チャレンジングな問題が多かったでしょう。これこそまさに精選問題と言えるものばかりだと思います。ですから、間違いの多かった人は一通りやり終わったら再度チャレンジしてみましょう。
　それでは次に、この本の最大の特長の1つである、難関 Part 7の「語彙パラフレーズ問題」対策トレーニングを受けていただきましょう。この語彙パラフレーズ問題は難問が多く、TOEIC で満点や高得点がとれないことの最大の原因の1つになっているので、ぜひパラフレーズ大特訓を受けて満点を目指していただきたいものです。それでは大特訓①にチャレンジ！

★TOEIC 満点 Get! Part 7 パラフレーズ問題大特訓①★

下線部分に最も近い意味を表す語のグループを、下の選択肢から選びなさい。(制限時間3分。答えは p.169)

1. The arguments will be <u>effective</u> from November.
2. The proposed investment is economically <u>viable</u>.
3. A rise in the interest rates seems <u>inevitable</u>.
4. The monitoring system may be <u>susceptible</u> to abuse.
5. At a <u>conservative</u> estimate, the sales will be $1 million.
6. It is a <u>remote</u> possibility to reach such a high goal.
7. The seminar is mainly for those who are looking for <u>sound</u> investment opportunities.
8. The beverage has enjoyed a considerable sales during the <u>exceptionally</u> hot summer.
9. ABC Inc. reached a <u>tentative</u> agreement on the new contract terms with XYZ Corp.
10. The new shopping mall boasts of its <u>sophisticated</u> security system.

A. slight, very small, faint, slim
B. unusually, abnormally, surprisingly
C. vulnerable, subject
D. workable, practicable, feasible
E. valid, legally binding, in force
F. cautious, modest, moderate
G. most-advanced, cutting-edge, highly-developed
H. solid, safe, secure, prudent
I. unavoidable, inescapable, certain
J. temporary, provisional, not certain, not affixed

派生語問題大特訓②

1. The new global strategy program is mutually ------- to both experienced and new employees.
   (A) beneficial　(B) beneficially　(C) benefits　(D) benefited

2. All business reports submitted to your superior should be written ------- so that they cannot be misunderstood.
   (A) expressive　　(B) expressly
   (C) expressing　　(D) expresses

3. Alco Food seems to be experiencing considerable growth with a 10% ------- in revenue over the past three years.
   (A) increasing　(B) increases　(C) increase　(D) increased

4. An auditor from the municipal council is to visit our facility next month to determine whether or not ------- water-quality standards are being kept.
   (A) accepting　　(B) acceptable
   (C) acceptance　　(D) accepted

5. The department manager wrote that Ms. Henderson worked extremely ------- and always completed her assignments on schedule.
   (A) most diligently　(B) diligent　(C) diligently　(D) diligence

6. Such a database was so ------- that we couldn't set it up in our office.
   (A) costing　(B) costs　(C) cost　(D) costly

7. The shortage of skilled staff members is a big ------- to our business expansion into the global market.
   (A) hinder   (B) hindering   (C) hindrance   (D) hindered

8. The proprietors of businesses have started to work ------- in order to survive a cutthroat competition.
   (A) collaboratively   (B) collaborate
   (C) collaboration   (D) collaborative

9. Every time you pay by credit card, you can earn points, which are ------- for various goods and services.
   (A) redeemed   (B) reimbursed
   (C) waivered   (D) redeemable

10. Mr. Douglass has to keep on paying the ------- on his expensive car which he bought five years ago.
    (A) down payment   (B) installments
    (C) installation   (D) installment

解答&解説

1.〈正解〉 **(A)** beneficial 〈730レベル〉
〈訳〉 その新しい国際戦略プログラムはベテランの従業員にも新人の従業員にも有益である。
〈ポイント〉 mutually という副詞が修飾するのは形容詞形だから、beneficial が正しい。

2.〈正解〉 **(B)** expressly 〈950レベル〉
〈訳〉 上司に提出するすべてのレポートは誤解されないように明確に書かなくてはいけない。
〈ポイント〉 be written を修飾しているから副詞形の expressly「明確に」が正しい。expressive は「表現力豊かな」の意味であるが、形容詞だから不正解である。

第4章 派生語問題大特訓

3. 〈正解〉 **(C)** increase 〈800レベル〉
〈訳〉 Alco 食品は、過去3年にわたって10%の増収で、相当成長しているようである。
〈ポイント〉 名詞の単数形が入るから increase が正しい。

4. 〈正解〉 **(B)** acceptable 〈860レベル〉
〈訳〉 許容できる水質基準が守られているかどうか確認するために来月、市評議会の監査員がわが社の施設を訪問することになっている。
〈ポイント〉 空欄が water-quality standards を修飾していることから形容詞が入る。文脈より「許容できる水質基準」となるから acceptable が正しい。名詞 acceptance は acceptance letter「合格通知」の形で TOEIC 頻出である。

5. 〈正解〉 **(C)** diligently 〈800レベル〉
〈訳〉 その部長はヘンダーソン氏がとても勤勉に働いており、いつも仕事は期日通りに仕上げると記述した。
〈ポイント〉 worked を修飾するわけだから副詞形が必要であり、diligently が正しい。extremely は diligently を修飾しているが、これに惑わされてはいけない。

6. 〈正解〉 **(D)** costly 〈730レベル〉
〈訳〉 そのようなデータベースはとても高価であり、わがオフィスへの設置はできなかった。
〈ポイント〉 空欄には形容詞形が入るので costly が正しい。costly は LY で終わる TOEIC 頻出の形容詞である。

7. 〈正解〉 **(C)** hindrance 〈860レベル〉
〈訳〉 国際市場への事業拡大には、熟練したスタッフの不足が大きな障害となっている。
〈ポイント〉 big という形容詞の後ろだから名詞形が入り、hindrance が正しい。

8. 〈正解〉 **(A)** collaboratively 〈860レベル〉

〈訳〉　経営者たちは熾烈な戦いを生き延びるために協力し始めた。
〈ポイント〉　work を修飾しているから副詞形、即ち collaboratively が正しい。collaborate は「協力する」、collaborative は「協同の」の意味である。

9. 〈正解〉　(D) redeemable　〈950レベル〉
〈訳〉　クレジットカードで支払うたびにポイントが獲得でき、そのポイントはさまざまな商品やサービスと交換できます。
〈ポイント〉　文意は「商品やサービスと交換できる」だから redeemable が正しい。redeemed は「救われた」、reimbursed は「払い戻された」、waivered は「免除された」という意味である。

10. 〈正解〉　(B) installments　〈900レベル〉
〈訳〉　ダグラス氏は5年前に購入した高級車の分割払いを続けなければならない。
〈ポイント〉　文意は「分割払いを続ける」である。installment は可算名詞で、この場合は複数形となるから installments が正しい。down payment は「頭金」、installation は「設置」という意味である。

さて2回目の問題はいかがでしたか。前よりはよくできましたか？
それでは前回に引き続き、驚異の「Part 7 パラフレーズ問題大特訓」を受けていただきましょう。皆さん、心の準備はいいですか？　制限時間は同じく3分です。それではスタート！

★TOEIC 満点 Get! Part 7 パラフレーズ問題大特訓②★

下線部分に最も近い意味を表す語のグループを、下の選択肢から選びなさい。(制限時間3分。答えは p.169)

1. The <u>sluggish</u> economy has left many local shop-owners desperate for attracting new customers.
2. Exchanging <u>confidential</u> information is strictly prohibited.
3. The auto maker reported a <u>marginal</u> increase of gross earnings from the previous year.
4. The concert ticket is <u>readily</u> available on the Internet.
5. The management worked out the most <u>plausible</u> explanation for the defective product.
6. Many companies face the <u>challenging</u> problem of increasing profits in this economic downturn.
7. Temporary workers are having a hard time trying to make a <u>decent</u> living.
8. The college student is in <u>critical</u> condition after the car accident.
9. Plaza Hotel offers their hotel guests a <u>complimentary</u> shuttle-bus service to the major shopping centers.
10. She is invited to the <u>forthcoming</u> event held in Tokyo.

A. difficult, tough, formidable, demanding
B. free, courtesy, free of charge
C. reasonable, good enough, average, satisfactory
D. easily, quickly, without difficulty
E. probable, likely, believable, reasonable
F. upcoming, future, approaching
G. serious, dangerous, grave, crucial
H. classified, top-secret, restricted
I. slight, small, minor, negligible
J. slow, stagnant, faltering, slumping

派生語問題大特訓③

1. Due to its ambitious ------- into a global business, EXCEED TECH will be forced to borrow more money from its main bank.
   (A) expanded   (B) expansion   (C) expanse   (D) expansive

2. When the lecture ------- completion, some of the attendees became restive and paid less attention to what was being discussed.
   (A) near   (B) nearly   (C) nearer   (D) neared

3. The management attributes our reputation for offering reliable services largely to the ------- of our department.
   (A) enthusiasm   (B) enthusiast
   (C) enthusiastic   (D) enthusiastically

4. If you cancel your membership now, we will not make any refund for the ------- of the month.
   (A) remains   (B) remainder   (C) remaining   (D) remained

5. You are advised to wear your identification card in the building so that you are ------- as a staff member of this institute.
   (A) recognizably   (B) recognize
   (C) recognizing   (D) recognizable

6. We had to remain calm and avoid becoming ------- with the representatives of our competitors at the negotiation table.
   (A) argument   (B) arguable
   (C) argumentative   (D) argumentatively

第4章 派生語問題大特訓

7. As an organizer of the convention, I must find a venue ------- to the participants from all over the world.
 (A) agreeable (B) agrees (C) agreeably (D) agreeing

8. It is imperative that project members come up with a ------- method to realize the production of the new product.
 (A) practiceable (B) practicing
 (C) practicable (D) practiced

9. Generally speaking, in a company even the president doesn't have the ------- power to use the funds at his/her disposal.
 (A) discretion (B) discreet (C) discrete (D) discretionary

10. Mr. Dawson is such a ------- person that you can delegate some of your responsibilities to him.
 (A) seasonal (B) seasoned (C) seasoning (D) season

解答＆解説

1. 〈正解〉 **(B)** expansion 〈730レベル〉
〈訳〉 国際ビジネスへの野心的な拡張のため、EXCEED TECH 社はメインバンクからさらに融資を受けなければならないだろう。
〈ポイント〉 空欄には名詞が入るので expansion が正しい。名詞 expanse は「広大な広がり」、形容詞 expansive は「広範囲の」の意味である。

2. 〈正解〉 **(D)** neared 〈900レベル〉
〈訳〉 講義が終わりに近づくと、出席者の数人がそわそわしだし、議論への注意力も散漫になった。
〈ポイント〉 空欄には従属節の文を成立させるために動詞が必要であり、neared が正しい。

3. 〈正解〉 **(A)** enthusiasm 〈800レベル〉
〈訳〉 経営陣はわが社の「信頼のおける業務」という評判はわれわれの

部署の情熱によるところが大きいと考えている。
〈ポイント〉 空欄には名詞が入り、文脈より「情熱」を意味する enthusiasm が正しい。enthusiast は「熱狂者」、enthusiastic は「熱狂的な」である。

4. 〈正解〉 (B) remainder 〈950レベル〉
〈訳〉 いま会員資格をキャンセルしても、今月の残額は一切返金いたしません。
〈ポイント〉 空欄には名詞が入り、文脈より「残り」を意味する remainder が正しい。口語ならば rest の方が普通であるが、ビジネス文書ではremainderもよく使われる。remains は「遺跡」の意味である。

5. 〈正解〉 (D) recognizable 〈860レベル〉
〈訳〉 研究所館内におきましてはスタッフであると認識できるように ID カードを身につけてください。
〈ポイント〉 空欄には形容詞が入るので recognizable が正しい。

6. 〈正解〉 (C) argumentative 〈900レベル〉
〈訳〉 我々は交渉の席上で冷静さを保ち、競合相手の代表に対してけんか腰にならないようにしなければならなかった。
〈ポイント〉 空欄には形容詞が入り、文脈より「けんか腰の」を意味する argumentative が正しい。arguable は「議論の余地のある」を意味する。

7. 〈正解〉 (A) agreeable 〈860レベル〉
〈訳〉 年次総会の主催者として、私は世界中からの参加者の納得のいく会場を探さなければならない。
〈ポイント〉 空欄には venue を後ろから修飾する形容詞が入るから、agreeable が正しい。

8. 〈正解〉 (C) practicable 〈860レベル〉
〈訳〉 プロジェクト・メンバーは新製品の製造を実現させる実行可能な

方法を考えなければならない。
〈ポイント〉　文意は「生産を実現する実行可能な方法」であるから practicable が正しい。practicing は「開業している」、practiced は「熟練した」という意味である。

9. 〈正解〉（D）discretionary　〈950レベル〉
〈訳〉　一般論として、会社においては社長ですら資金を思いのままに使える自由裁量権はない。
〈ポイント〉　文意は「資金を思いのままに使える自由裁量権」であるから discretionary が正しい。discretion は「思慮分別、自由裁量」、discreet は「思慮深い、慎重な」、discrete は「別々の」という意味である。

10. 〈正解〉（B）seasoned　〈900レベル〉
〈訳〉　ドーソン氏はとても熟練した人なので、あなたは自分の責任の一部を彼に委譲できる。
〈ポイント〉　文意は「熟練した人」だから、seasoned が正しい。seasonal は「季節特有の」、seasoning は「香辛料」という意味である。

★TOEIC 満点 Get! Part 7 パラフレーズ問題大特訓③★

下線部分に最も近い意味を表す語のグループを、下の選択肢から選びなさい。(制限時間3分。答えは p.169)

1. This software helps users track <u>prospective</u> customers when they visit their website.
2. The <u>ambitious</u> project was collapsed due to the lack of fund.
3. The CEO has decided to adopt the <u>resourceful</u> approach to cut down more expenses.
4. The enclosed manual contains <u>explicit</u> instructions on how to set up the new printer.
5. She is willing to pay <u>steep</u> price for name-brand bags.
6. The hurricane had a <u>profound</u> impact on the remote area.
7. The hybrid car has been enjoying extremely <u>brisk</u> sales.
8. He will help you handle the <u>delicate</u> issue of disciplining your subordinates.
9. Her <u>comprehensive</u> research on energy efficiency was highly evaluated.
10. Sedentary lifestyle has an <u>adverse</u> effect on your health.

A. complete, extensive, large-scale, thorough
B. specific, clear, precise, exact
C. sensitive, difficult, complicated
D. severe, very great, serious, grave
E. potential, possible, future, likely
F. stiff, excessive, prohibitive, unreasonable
G. ingenious, imaginative, clever
H. detrimental, opposite, negative, harmful
I. hot, dynamic, booming, active
J. challenging, difficult, demanding, formidable

派生語問題大特訓④

制限時間3分

1. Since the economic climate has drastically changed, I have to revise my sales ------- for the next quarter.
   (A) project   (B) projecting   (C) projected   (D) projection

2. To stick to so-called corporate compliance, we have to give high priority to the ------- of government regulations.
   (A) observation   (B) observance
   (C) observant   (D) observatory

3. The steering committee has concluded that we don't need major ------- in the original project plan.
   (A) alterations   (B) alternatives
   (C) alternations   (D) alternate

4. If your team cannot solve the ------- problems on the manufacturing method, I cannot approve this drawing.
   (A) attending   (B) attendant   (C) attendance   (D) attended

5. According to the document sent from the firm, free installation requires a ------- of fifteen continuous months.
   (A) commission   (B) commit
   (C) commitment   (D) committed

6. To increase the sales of the new product, we need to conduct an ------- investigation into customer preferences.
   (A) exhaustible   (B) exhaustive
   (C) exhausted   (D) exhausting

7. She has been a ------- of New York for over 15 years, but she wants to move to a quieter and smaller town.
 (A) residence　(B) residential　(C) resident　(D) reside

8. We are now offering some of our products at discount prices in response to the ------- patronage of our customers.
 (A) continued　(B) continuous　(C) continual　(D) continuing

9. Mr. Eckert was promoted to a position of manager because he made an ------- contribution to the company.
 (A) excessive　(B) exceeding　(C) excess　(D) exceeded

10. Any problem that happens during the ------- contract period will be repaired without charge to clients.
 (A) extensive　(B) extension　(C) extended　(D) extending

解答＆解説

1. 〈正解〉 **(D)** projection 〈860レベル〉
〈訳〉 経済情勢が急激に変化したので、私は次の四半期の販売予想を修正する必要がある。
〈ポイント〉 文意は「次の四半期の販売予想を修正する」だからprojectionが正しい。projectは「計画」だがreviseと合わない。projectingは「突出した」、projectedは「予想された」という意味である。

2. 〈正解〉 **(B)** observance 〈860レベル〉
〈訳〉 いわゆるコーポレート・コンプライアンスを守るために、政府の法規制の遵守に重きを置く必要がある。
〈ポイント〉 文意は「政府の法規制の遵守に重きを置かなければならない」だからobservanceが正しい。observationは「観察」、observantは「観察の鋭い」、observatoryは「観測所」という意味である。

3. 〈正解〉 （**A**）alterations 〈950レベル〉
〈訳〉 運営委員会は元々の企画案の大幅修正は必要ないとの結論に至った。
〈ポイント〉 文意は「元々の企画案の大幅修正は必要ない」だから**alterations**が正しい。**alternatives**は「代替案」、**alternations**は「交替」、**alternate**は「交互の」という意味である。

4. 〈正解〉 （**B**）attendant 〈950レベル〉
〈訳〉 あなたのチームが製造方法に付随する問題を解決できないならば、私はこの図面を承認できない。
〈ポイント〉 文意は「製造方法に付随する問題を解決できない」だから**attendant**が正しい。**attendance**は「出席、出席者数、付き添い、世話、看護」という意味である。

5. 〈正解〉 （**C**）commitment 〈950レベル〉
〈訳〉 同社から送られてきた文書には、無料の設置には15カ月間の継続契約期間が必要と記載されている。
〈ポイント〉 文意は「無料の設置には15カ月間の継続契約期間が必要となる」だから**commitment**（取引契約）が正しい。**commission**は「手数料」、**committed**は「熱心な」という意味である。

6. 〈正解〉 （**B**）exhaustive 〈900レベル〉
〈訳〉 新製品の売り上げを伸ばすため、顧客の好みを徹底的に研究しなければならない。
〈ポイント〉 文意は「顧客の好みの徹底的な研究をする」だから**exhaustive**「徹底的な」が正しい。**exhaustible**は「使い尽くし得る」、**exhausted**は「疲れきった」、**exhausting**は「骨の折れる」という意味である。

7. 〈正解〉 （**C**）resident 〈730レベル〉
〈訳〉 彼女は15年間以上もニューヨークの住人であるが、より静かで小さな町へ移りたいと考えている。
〈ポイント〉 文意は「15年間以上もニューヨークの住人である」だから

resident が正しい。residence は「住居」、residential は「住宅地の」、reside は「居住する」という意味である。

8. 〈正解〉 **(A)** continued 〈950レベル〉
〈訳〉 当店では現在、お客様の日頃のご愛顧にお応えして、特定の商品を特別ご奉仕価格にてご提供しております。
〈ポイント〉 文意は「顧客の日頃の(引き続きの)ご愛顧に応えて」だから continued「引き続きの」がよく使われる。continuous は「ひっきりなしに続く」、continual は「断続的な」という意味である。

9. 〈正解〉 **(B)** exceeding 〈950レベル〉
〈訳〉 エッカート氏は会社に対して惜しみない貢献をしたので管理職に昇進した。
〈ポイント〉 文意は「彼は会社に対して惜しみない貢献をした」だから exceeding が正しい。excessive は「過度な、度を超した」、excess は「超過」という意味である。

10. 〈正解〉 **(C)** extended 〈860レベル〉
〈訳〉 延長された契約期間に発生するいかなるトラブルもお客様には無料で修理いたします。
〈ポイント〉 文意は「延長された契約期間に発生するいかなる問題も」だから extended が正しい。extensive は「広範囲にわたる」、extension は「延長」という意味である。

★TOEIC 満点 Get! Part 7 パラフレーズ問題大特訓④★

下線部分に最も近い意味を表す語のグループを、下の選択肢から選びなさい。（制限時間3分。答えは p.170）

1. Portability is the most <u>striking</u> feature of this brand-new laptop.
2. She was commended for the <u>consistent</u> support for the charity event.
3. Numerous retail stores suffer a <u>sharp</u> decline in sales.
4. Paul has only a <u>rudimentary</u> knowledge of Chinese.
5. She is excited to play an <u>obscure</u> writer in the latest movie.
6. She managed to settle for her <u>outstanding</u> debt last month.
7. Many of <u>moderate</u>-income family are losing their homes to foreclosure.
8. Erin made a <u>promising</u> start as an in-house psychiatrist.
9. Through devotion and <u>tenacious</u> efforts, Mike has now become a leading figure of modern architecture.
10. If it were not for <u>generous</u> pay raise, he would have turned down the job transfer.

A. persistent, determined, solid
B. average, medium
C. dramatic, rapid, marked, abrupt
D. unchanging, everlasting
E. auspicious, encouraging, hopeful
F. lesser-known, little-known, nameless
G. unpaid, overdue, remaining, past due
H. sufficient, adequate
I. basic, elementary, fundamental
J. impressive, noticeable, wonderful, dramatic, stunning

派生語問題大特訓⑤

1. The CEO of TEMSTech, Inc. is convinced that the ------- profits in the third quarter will highly reward the investors.
   (A) eventful   (B) eventual   (C) event   (D) eventfully

2. ------- interests can be granted various subsidies to develop environment-friendly technologies from the national government.
   (A) Favorable   (B) Favorite   (C) Favored   (D) Favoring

3. It is necessary for us to launch a sales campaign to persuade ------- purchasers into buying our new product.
   (A) intentional   (B) intending   (C) intent   (D) intended

4. Our company has ------- positions that will challenge you and inspire you to succeed as a manager.
   (A) managerial   (B) managing
   (C) manageable   (D) managed

5. The rumor that we will merge with a larger company will have ------- effects on the sales of our products.
   (A) neglectful   (B) negligent   (C) negligible   (D) negligence

6. To gain an advantage over other ------- in the industry, we have to develop an eco-friendly product ASAP.
   (A) competitions   (B) competitor
   (C) competence   (D) competitiveness

7. The above mentioned two companies are expected to assign their ------- contact persons for this development project.
   (A) respectable (B) respectful
   (C) respective   (D) respecting

8. The ------- shop she recommended to us the other day is located on the outskirts of New York City.
   (A) specialistic (B) specialty (C) specific (D) specializing

9. The project team needs a ------- reason to persuade Mr. Reeves into approving the development of the new product.
   (A) compelling (B) compulsive
   (C) compulsory (D) compulsion

10. In our company attending social ------- such as company picnics and banquets is highly recommended.
    (A) function   (B) functionary
    (C) functions (D) functionality

解答＆解説

1. 〈正解〉 **(B)** eventual 〈860レベル〉
〈訳〉 TEMSTech 社の CEO は、第3四半期における最終利益は大いに投資家に報いるだろうと確信している。
〈ポイント〉 文意は「第3四半期における最終利益」だから eventual が正しい。eventful は「出来事の多い、波乱に富む」という意味である。

2. 〈正解〉 **(C)** Favored 〈950レベル〉
〈訳〉 優遇されている企業は環境に優しい技術開発のためのさまざまな助成金を政府から与えられる。
〈ポイント〉 文意は「優遇されている企業はさまざまな助成金を与えられる」だから Favored が正しい。Favorable は「(事柄が)好都合な、好意的な」、Favorite は「お気に入りの」とい

う意味である。Favorable も不可能ではないが、Favored の方が適切。

3. 〈正解〉 (**D**) intended 〈950レベル〉
〈訳〉 対象とする購買層がわが社の新製品を購入したくなるような販売キャンペーンを打つ必要がある。
〈ポイント〉 文意は「対象とする購買層がわが社の新製品を購入するよう説得するための」だから intended が正しい。intentional は「故意の」、intent は「熱心な」「意図」という意味である。

4. 〈正解〉 (**A**) managerial 〈860レベル〉
〈訳〉 わが社には、マネジャーとしての成功を目指す人にとってやりがいのある管理者の職があります。
〈ポイント〉 文意は「あなたにやる気を起こさせ（会社への）貢献者あるいはマネジャーとしての成功を鼓舞するような管理者の地位」だから managerial が正しい。managing は「管理している」、manageable は「扱いやすい」という意味である。

5. 〈正解〉 (**C**) negligible 〈800レベル〉
〈訳〉 わが社がより大きな企業と合併するという噂は、わが社の製品の売り上げに大した影響を与えないだろう。
〈ポイント〉 文意は「わが社の製品の売り上げに大した影響を与えない」だから negligible が正しい。neglectful および negligent は「怠慢な、無関心な」、negligence は「怠慢、過失」という意味である。

6. 〈正解〉 (**A**) competitions 〈950レベル〉
〈訳〉 業界において他の競合他社より優位な立場に立つために、わが社は環境に優しい製品を極力早く開発しなければならない。
〈ポイント〉 文意は「業界における他の競合他社より優位な立場に立つために」である。またここでは複数形が必要だから competitor は選べず、competitions が正しい。competition には「競争」に加えて、「競争相手」の意味がある。

第4章 派生語問題大特訓　167

7. 〈正解〉 **(C)** respective 〈800レベル〉
〈訳〉 先に言及した2社は本開発プロジェクトのためのそれぞれの交渉代表者を選出することになっている。
〈ポイント〉 文意は「本開発プロジェクトのためのそれぞれの交渉代表者を選出する」だから respective が正しい。respectable は「立派な」、respectful は「敬意を表する、丁寧な」という意味である。

8. 〈正解〉 **(B)** specialty 〈860レベル〉
〈訳〉 彼女が先日私たちに薦めた専門店はニューヨーク市の郊外にある。
〈ポイント〉 文意は「彼女が先日私たちに薦めた専門店」だから「高級専門品」「特産品」という意味の specialty が正しい。specialistic は「専門家の」、specific は「特定の、明確な、特有の」、specializing は「専門化させるための」という意味である。

9. 〈正解〉 **(A)** compelling 〈950レベル〉
〈訳〉 プロジェクト・チームにはリーブス氏が新製品開発の承認をしてくれるような説得力のある理由が必要である。
〈ポイント〉 文意は「リーブスさんを説得できるような説得力のある理由」であるから compelling が正しい。compulsive は compulsive gambler「病みつきのギャンブラー」、compulsory は compulsory education「義務教育」というように使う。また compulsion は「強制」という意味である。

10. 〈正解〉 **(C)** functions 〈950レベル〉
〈訳〉 わが社では会社のピクニックや晩餐会のような社交的行事への参加が大いに奨励されている。
〈ポイント〉 文意は「会社のピクニックや晩餐会のような社交的行事への参加」である。また function は「行事」の意味では可算名詞だから複数形が必要である。従って functions が正しい。functionary は「職員」、functionality は「機能性」という意味である。

★TOEIC 満点 Get! Part 7 パラフレーズ問題大特訓⑤★

下線部分に最も近い意味を表す語のグループを、下の選択肢から選びなさい。（制限時間3分。答えは p.170）

1. When they'll <u>unveil</u> the new product remains to be seen.
2. He plans to introduce legislation to <u>overhaul</u> the system.
3. Nancy was trained to <u>administer</u> medical treatment on emergencies.
4. We <u>suspend</u> the order until you can afford to make a payment.
5. The bank announced to <u>shed</u> 1,500 employees next year.
6. Jason is now under the strong pressure to <u>redeem</u> his debt by next week.
7. The association organized the event to <u>solicit</u> donations from attendees.
8. The CEO refused to <u>compromise</u> his principles in the face of financial squeeze.
9. How to <u>screen</u> job applicants is the primary topic of today's meeting.
10. Heavy rains <u>claimed</u> many lives in the remote small village.

A. lay off, fire, discharge, dismiss
B. take, kill
C. delay, put off, hold off, postpone
D. check on, assess, evaluate
E. release, announce, bring out
F. pay off, clear, discharge
G. examine & repair, revamp, upgrade
H. give, provide, apply
I. bend, betray, weaken
J. ask for, request, beg for

★パラフレーズ問題大特訓①～⑤ 解答と下線部分の訳★

パラフレーズ問題大特訓①

解答　1-E, 2-D, 3-I, 4-C, 5-F, 6-A, 7-H, 8-B, 9-J, 10-G

1. effective（実施される）　2. viable（実行可能な）　3. inevitable（避けられない）　4. susceptible（悪影響などを受けやすい）　5. conservative（見積もりなどが控えめの）　6. remote（可能性などが低い）　7. sound（健全な）　8. exceptionally（異常に、並外れて）　9. tentative（一時的な、仮の）　10. sophisticated（精度の高い）

パラフレーズ問題大特訓②

解答　1-J, 2-H, 3-I, 4-D, 5-E, 6-A, 7-C, 8-G, 9-B, 10-F

1. sluggish（景気が低迷している）　2. confidential（極秘の）　3. marginal（わずかな）　4. readily（簡単に）　5. plausible（もっともらしい）　6. challenging（大変な、試練のある）　7. decent（まともな、人並みの）　8. critical（危篤の）　9. complimentary（無料の）　10. forthcoming（間近に迫った）

パラフレーズ問題大特訓③

解答　1-E, 2-J, 3-G, 4-B, 5-F, 6-D, 7-I, 8-C, 9-A, 10-H

1. prospective（予測される、見込みのある）　2. ambitious（大がかりな、大変な）　3. resourceful（機知に富む）　4. explicit（明確な、わかりやすい）　5. steep（法外な、値段の高い）　6. profound（深刻な、重大な）　7. brisk（活気がよい）　8. delicate（注意を要する、難しい）　9. comprehensive（包括的な、広範囲に及ぶ）　10. adverse（不都合な、不利な）

パラフレーズ問題大特訓④

解答　1-J, 2-D, 3-C, 4-I, 5-F, 6-G, 7-B, 8-E, 9-A, 10-H

1. striking（特筆すべき、顕著な）　2. consistent（一貫性のある）
3. sharp（急な）　4. rudimentary（初歩的な）　5. obscure（無名の）
6. outstanding（未払いの）　7. moderate（ほどほどの、適度な）
8. promising（将来有望な）　9. tenacious（粘り強い）　10. generous（大幅な、たくさんの）

パラフレーズ問題大特訓⑤

解答　1-E, 2-G, 3-H, 4-C, 5-A, 6-F, 7-J, 8-I, 9-D, 10-B

1. unveil（発表する、公にする）　2. overhaul（見直す）
3. administer（薬・治療などを施す）　4. suspend（保留にする）
5. shed（解雇する）　6. redeem（弁済する）　7. solicit（求める）
8. compromise（主義などを弱める）　9. screen（選別する）
10. claim（人命を奪う）

　さて皆さんいかがでしたか。第4章「派生語問題大特訓」のスコアはどうでしたか。この章もかなりハードな問題が多かったでしょう。この章が苦手な人は何度も復習して、必須派生語をマスターしましょう。それでは皆さん、次は「一般語彙問題大特訓」に参りましょう！

第 5 章

一般語彙問題大特訓

TOEICの文法・語法問題の中で比率が高く、比較的難易度の高いのがこの「一般語彙問題」です。これは第2章の、時制や代名詞や呼応や準動詞といった「英文法」の問題や、第4章の「派生語」や第6章の「多義語」と違って、問題のバリエーションが無限にあり、語彙力の乏しい人にとっては難関の問題と言えます。例えば形容詞では、**affordable, compatible, feasible, perishable, reciprocal, explicit, viable, fragile, striking, brisk, explicit, authentic, spontaneous, decent, unanimous, hazardous, premature, prospective, integral, adjacent, confidential, tentative** などのような単語が必須語と言えますが、全部の意味が言えますか？

　また、副詞では**apparently, consequently, deliberately, primarily, excessively, exclusively, promptly, readily, seemingly, temporarily, practically, specifically, ardently, inadvertently** などが必須語ですが、わからないものがありますか？　これらは大体1万語水準までの語彙で構成されていますが、その水準までの語彙をカンペキにすることは難しく、何らかの語彙は「漏れ」が出てしまい、その結果、満点の可能性から遠のくわけです。そこでこのセクションでは、練習問題を通じて、できるだけそういった漏れをなくすための大特訓を受けていただきましょう。それでは、まずは名詞からです。張りきって参りましょう。

一般語彙問題大特訓①（名詞編）

1. Although everyone knows that Dr. Peter is certified in various fields of biology in Canada, medical virology is one of his -------.
   (A) specials　(B) specializes　(C) specialties　(D) specialists

2. As long as the automobile company is responsible for -------, the discontented customer will be compensated for any defects.
   (A) negligence　(B) slight　(C) disregard　(D) overlook

3. Since the members are indispensable for the Global Artists' Association, it is a top ------- to figure out how to expand the membership effectively.
   (A) basis　(B) force　(C) direction　(D) priority

4. It is not until the ------- of the board members that additional investments in the plant facilities can be made.
   (A) event　(B) sanction　(C) remuneration　(D) convenience

5. Consumers cannot be too careful in selecting ready-made computer software, since some may fail to satisfy their -------.
   (A) prerequisites　(B) preferences
   (C) requirements　(D) requisitions

6. Even if you decide to cancel the membership, you will be under ------- to pay the balance within 30 days of the invoice date.
   (A) pledge　(B) undertaking　(C) obligation　(D) authority

7. Olsen Pearl is among multinational companies that have an increasing number of ------- in the Scandinavian countries.
   (A) installments (B) insights (C) interests (D) instances

8. The security company has taken extra ------- to minimize the risk of data leakage in the stage of the product development.
   (A) regard (B) precautions (C) adoptions (D) guidance

9. The department manager points out that the full ------- of the staff members is a determining factor in the success of the research group.
   (A) administration   (B) participation
   (C) consolidation   (D) orientation

10. Had it not been for her good relationship skills, Ms. Parker would have never won the ------- of her customers.
    (A) lease (B) liability (C) confidence (D) remedy

解答&解説

1. 〈正解〉 (**C**) specialties 〈730レベル〉
〈訳〉 ピーター博士の資格が、カナダのさまざまな生物学的分野に及ぶことは知られているけれども、医学ウィルス学は彼の専門分野の1つである。
〈ポイント〉 文脈から「専攻」という意味の specialties が正解。(D) は human resource specialist（人材管理専門家）のように用いるのでここでは不適切。

2. 〈正解〉 (**A**) negligence 〈860レベル〉
〈訳〉 その自動車会社に過失の責任がある限り、不満を抱かれたお客様はいかなる欠陥の補償も受けることができます。
〈ポイント〉 文脈から「過失」という意味の negligence が正解。(B) は minor slight（ちょっとした侮辱）、(C) は disregard for human life（人命軽視）、(D) は scenic overlook

第5章　一般語彙問題大特訓　175

（展望台）のように用いる必須語。

3. 〈正解〉 **(D)** priority　〈800レベル〉
〈訳〉　グローバル・アーティスト協会にとって会員は不可欠なので、会員数拡大の効果的な方法を見つけ出すのは最重要課題である。
〈ポイント〉　文脈から「優先事項」という意味の priority が正解。(A) は on a first-come, first-served basis（早い者勝ちで）、(B) は come into force（施行される）、(C) は explicit directions（明確な指示）、(D) は priority seating（優先座席）のように用いる必須語。

4. 〈正解〉 **(B)** sanction　〈950レベル〉
〈訳〉　理事会の認可が下りて初めて、工場設備への追加投資を行うことができます。
〈ポイント〉　文脈から「認可」という意味の sanction が正解。sanction は economic sanctions（経済制裁）のように「制裁」の意味もある。remuneration「報酬」、convenience「便宜」は文脈に合わない。

5. 〈正解〉 **(C)** requirements　〈860レベル〉
〈訳〉　一部の既製品ソフトウェアは、消費者の必要条件を満たしていないので、選ぶ際には注意するに越したことはない。
〈ポイント〉　文脈から「必要条件」という意味の requirements が正解。(A)は prerequisite for the success（成功への前提条件）と必ず for 以下を伴う。(B) は time preference（時間選好）、(C) は requirements for admission（入学の必要条件）、(D) は purchase requisition form（購入請求書）のように用いる必須語。

6. 〈正解〉 **(C)** obligation　〈860レベル〉
〈訳〉　退会されるとしても、請求日から30日以内に残金をお支払いいただくことになります。
〈ポイント〉　文脈から「義務」という意味の obligation が正解。(A)

は right of the pledge（質権）、(B) は letter of the undertaking（念書）、(C) は moral obligation（義理）、(D) は designated national authority（指定国家機関）のように用いる必須語。

7. 〈正解〉 **(C)** interests 〈950レベル〉
〈訳〉 Olsen Pearl 社は、スカンジナビア諸国でますます多くの株を有する多国籍企業の1つである。
〈ポイント〉 文脈から「利益、株式」という意味の interests が正解。(A) は monthly installment（月賦払い）、(B) は insight into the nature（本質を見抜く力）、(C) は parochial interests（偏狭な利害）、(D) は previous instance（前例）のように用いる必須語。

8. 〈正解〉 **(B)** precautions 〈860レベル〉
〈訳〉 そのセキュリティ会社は、製品開発の段階で、データ漏えいのリスクを最小限に抑えるために、さらなる予防措置を講じた。
〈ポイント〉 文脈から「予防措置」という意味の precautions が正解。(A) は give no regard（考慮に入れない）、(B) は safety precautions（安全対策）、(C) は adoption agency（養子縁組斡旋業者）、(D) は under the guidance of the teacher（先生の指導のもとで）のように用いる必須語。

9. 〈正解〉 **(B)** participation 〈730レベル〉
〈訳〉 その部長は、研究グループの成功はメンバーの全員参加で決まると指摘している。
〈ポイント〉 文脈から「参加」という意味の participation が正解。(A) は business administration（会社経営）のように組織を管理し、(B) は labor force participation rates（就労率）、(C) は restructuring and consolidation（再編と統合）、(D) は customer orientation（顧客志向）のように用いる必須語。

10. 〈正解〉（C）confidence　〈730レベル〉
〈訳〉　優れた対人能力がなかったら、パーカー氏は顧客の信頼を獲得することは絶対になかっただろう。
〈ポイント〉　文脈から「信頼」という意味の confidence が正解。（A）は renewal of the lease（賃借権の更新）、（B）は liability for payment（支払責任）、（C）は in strict confidence（極秘に）、（D）は legal remedies available（利用できる法的救済策）のように用いる必須語。

　さて皆さん、一般語彙問題大特訓はいかがですか。この問題は、TOEIC の語彙・語法問題の中核をなす難レベルのタイプのもので、これの失点が TOEIC で高得点 GET の障害となっています。ですから、気合いを入れて問題練習に取り組み、弱点を発見し、ボキャブラリービルディングに励みながらスコア UP を目指しましょう。それでは次の大特訓にチャレンジ！

★ TOEIC 満点 Get! Part 7 パラフレーズ問題大特訓⑥ ★

下線部分に最も近い意味を表す語のグループを、下の選択肢から選びなさい。(制限時間3分。答えは p.200)

1. They decided to introduce a summer dress code to <u>practice</u> energy conservation.
2. Passengers are required to <u>produce</u> a ticket at all times on request.
3. They were instructed to <u>evacuate</u> the building immediately.
4. This small screen allows users to <u>manipulate</u> the device with a finger.
5. According to the survey, 30% of the population might <u>contract</u> the disease.
6. She managed to <u>reconcile</u> the long-standing conflicts between them.
7. The massive explosion <u>consumed</u> the small town in China.
8. He was accused of <u>exhausting</u> the funds for the campaign.
9. The accountant failed to <u>acknowledge</u> the letter sent by the city official.
10. The secretary didn't <u>endorse</u> the plan of instituting the new dress code.

A. operate [use, handle] skillfully
B. destroy, devastate, ruin, wipe out
C. do regularly, put into action, actively get involved in
D. pull out of, move out of, escape from
E. reply to, answer, respond to
F. mediate, resolve, settle
G. show, present, take out
H. support, approve, back
I. catch, be afflicted with, come down with
J. use up, deplete, dissipate

一般語彙問題大特訓②（名詞編）

制限時間3分

1. That year the order quantity for women's clothing increased more than the number of orders for all other kinds of -------.
   (A) apparel   (B) appearances
   (C) apparatus   (D) appliances

2. All the staff members are supposed to wear working ------- in the workplace to make themselves look professional.
   (A) attire   (B) ambivalence   (C) assembly   (D) approach

3. Their studies reveal that increase in worker productivity does not necessarily lead to a dramatic increase in -------.
   (A) compensation   (B) commodity
   (C) compilation   (D) complacency

4. It is worth investigating the ------- to be taken by each member state to reduce trade friction and to promote free trade.
   (A) stages   (B) levels   (C) steps   (D) grades

5. The baggage ------- for this flight is three pieces of luggage weighing up to 50 kg plus small personal items.
   (A) permission   (B) weight   (C) estimation   (D) allowance

6. The success of the project depends on whether or not each member will do their ------- to design attractive logos.
   (A) innermost   (B) foremost   (C) almost   (D) utmost

7. Mr. Greg is positive that he will be able to get the copier back in working ------- by the end of this week.
   (A) progress   (B) sequence   (C) order   (D) charge

8. The major ------- of this course is to enable newly employed workers to gain a solid understanding of corporate finance.
   (A) objective   (B) objectivity   (C) objection   (D) objecting

9. A thorough analysis of the numerical data revealed various ------- that required in-depth research based on actual market conditions.
   (A) coincidences   (B) inconsistencies
   (C) ineptitudes   (D) endorsements

10. The United Nations requested one of the officials to prepare the draft guidelines in ------- with the multilateral agreement.
    (A) acknowledgment   (B) admission
    (C) approval   (D) compliance

解答＆解説

1. 〈正解〉 **(A)** apparel 〈860レベル〉
〈訳〉 その年の婦人服の注文数は、その他すべての衣類の注文数を上回った。
〈ポイント〉 文脈から「衣服」という意味のapparelが正解。(C)はmedical apparatus（医療器具）、(D)はhousehold appliances（家庭用電気器具）のように用いる必須語。

2. 〈正解〉 **(A)** attire 〈800レベル〉
〈訳〉 全職員は、自らをプロフェッショナルに見せるために、職場では仕事着を着用することになっている。
〈ポイント〉 文脈から「服装」という意味のattireが正解。ambivalenceは「併存する対極の感情」、assemblyは「総会」、approachは「取り組み」という意味なので不適切。

3. 〈正解〉 **(A)** compensation 〈900レベル〉
〈訳〉 彼らの研究が示しているのは、生産性の向上が必ずしも給与の大幅な引き上げにつながるとは限らないということである。

〈ポイント〉 文脈から「給与」という意味の compensation が正解。compilation は「編集」、complacency は「自己満足」という意味なので不適切。

4. 〈正解〉 **(C)** steps 〈860レベル〉
〈訳〉 各国が、貿易摩擦を減少させ、自由貿易を促進するために講じることができる対策は、調査する価値がある。
〈ポイント〉 文脈から「対策、措置」という意味の steps が正解。stage は stage strike（ストライキを起こす）という動詞の用法が重要。

5. 〈正解〉 **(D)** allowance 〈860レベル〉
〈訳〉 本フライトでの手荷物の最大許容量は、荷物が3つ、最大50kg までと携帯所持品です。
〈ポイント〉 文脈から「許容量」という意味の allowance が正解。weightならばallowable weightのように使うのが正しい。permission は「許可」、estimation は「見積もり」なので文脈的に合わない。

6. 〈正解〉 **(D)** utmost 〈860レベル〉
〈訳〉 このプロジェクトの成功は、各メンバーが魅力的なロゴのデザインに全力を尽くすことにかかっている。
〈ポイント〉 文脈から「全力」という意味の utmost が正解。(A) は innermost feelings（内に秘めた感情）、(B) は first and foremost（何よりもまず）のように用いる必須語。

7. 〈正解〉 **(C)** order 〈800レベル〉
〈訳〉 グレッグ氏は、今週末までにそのコピー機が正常な状態で返却されると確信している。
〈ポイント〉 文脈から「（正常な）状態」という意味の order が正解。progress「進歩」や sequence「連続」は意味的に合わない。charge は be charged with a crime（罪で告発される）のように動詞用法が重要。

8. 〈正解〉 **(A)** objective 〈800レベル〉
〈訳〉 本講座の主要な目的は、新入社員に企業財務についてしっかりと理解させることである。
〈ポイント〉 文脈から「目的」という意味のobjectiveが正解。objectivity「客観性」、objection「異論」はここでは不適切。

9. 〈正解〉 **(B)** inconsistencies 〈900レベル〉
〈訳〉 その数値データの徹底分析によって、現実の市況に基づいた徹底的な調査を要するさまざまな矛盾点が明らかになった。
〈ポイント〉 文脈から「矛盾」という意味のinconsistenciesが正解。coincidences「偶然の一致」、ineptitudes「愚かさ」、endorsements「承認」はいずれも文意に合わない。

10. 〈正解〉 **(D)** compliance 〈900レベル〉
〈訳〉 国連は職員の1人に、多国間合意に従ったガイドラインの草案を準備するように要求した。
〈ポイント〉 文脈から「遵守」という意味のcomplianceが正解。acknowledgment「認可」、admission「入場（許可）」、approval「是認」は文脈に合わない。

★ TOEIC 満点 Get! Part 7 パラフレーズ問題大特訓⑦ ★

下線部分に最も近い意味を表す語のグループを、下の選択肢から選びなさい。(制限時間3分。答えは p.200)

1. The government announced to <u>lift</u> the embargo on the island country.
2. Please <u>quote</u> the price for 50 units of Item 8.
3. Call our toll-free number if you need to <u>retrieve</u> data from a crashed HD.
4. Employers are required to <u>deduct</u> income tax from their employees' wages.
5. Tourists are advised to <u>exercise</u> caution at all times in the airport.
6. Executive board members have agreed to <u>streamline</u> operations for greater efficiency.
7. They attempted to <u>corner</u> the market by buying up all inventory.
8. The institute was founded to <u>address</u> the labor problem.
9. He was <u>credited</u> with saving lives in the residential house fire.
10. Teachers were carefully instructed to <u>accommodate</u> the needs of disabled students.

A. honored, praised, recognized
B. recover, get back, restore
C. meet, satisfy, cater to
D. deal with, handle, take care of
E. mention, say, name
F. monopolize, gain control of, dominate
G. rationalize, make efficient, optimize
H. subtract, take away
I. take, apply
J. remove, take away, eliminate

一般語彙問題大特訓③（動詞編）

制限時間3分

1. Because of shrinking sales and profits, Dayton Corporation was forced to ------- its North American operation.
   (A) curtail   (B) misplace   (C) extract   (D) compensate

2. In an effort to build a stable society, the organization is stepping up its efforts to fully ------- a social security system.
   (A) process   (B) vacate   (C) implement   (D) collate

3. The company report to the project manager ------- that the lack of proficient workers is restricting business growth.
   (A) asserts   (B) refers   (C) recites   (D) calls

4. Mr. Harrison was ------- as chairperson of the company after it became clear that he had not been embezzling its funds.
   (A) reinstated   (B) distracted
   (C) determined   (D) reprimanded

5. The training director of the apprenticeship program works collaboratively with Global Educational Institute to ------- that it meets the needs of the students.
   (A) ensure   (B) define   (C) accept   (D) imply

6. Various keyboard commands are available to help you expedite word-processing procedures, but common usage ------- only a few of them.
   (A) involves   (B) receives   (C) subscribes   (D) corresponds

7. The law ------- the local wholesaler from offering its commodities or services to the general public without an

intermediary.
(A) secludes (B) precludes (C) concludes (D) includes

8. Many mid-level employees in the white-collar sector have been ------- by drastic restructuring and curtailment of income.
(A) decentralized   (B) deregulated
(C) demolished   (D) demoralized

9. The new CEO of Morgan Systems is endeavoring to ------- the company by focusing on cost reduction and the human resource management.
(A) overhaul (B) overtake (C) overturn (D) overlook

10. If the tenant defaults in payment of rent on an ongoing basis, he will be compelled to ------- the premises or have his assets seized.
(A) sustain (B) sweep (C) vacate (D) underline

解答&解説

1. 〈正解〉 (**A**) curtail 〈860レベル〉
〈訳〉 売上高と利益の縮小のために、Dayton社はアメリカ北部での事業を縮小せざるを得なかった。
〈ポイント〉 前半の文脈より、「事業を縮小する」の意味になるcurtailが適切。(B) は misplaced trust（見当違いの信頼）、(C) は extract a wisdom tooth（親知らずを抜く）、(D) は compensate for the deficit（赤字を穴埋めする）のように使える。

2. 〈正解〉 (**C**) implement 〈800レベル〉
〈訳〉 安定した社会の構築に向けた取り組みの中で、その組織は社会保障制度の完全な実施のためのさらなる努力を押し進めている。
〈ポイント〉 文脈より、「制度を実施・整備する」の意味になるimplementが正解。他に implement an idea（考えを実行する）と

いう使い方もある。(A) は process a claim（クレームを処理する）、process food（食品を加工する）、(B) は vacate the premises（家屋を立ち退く）、(D) は collate data（データを照合する）のように使える。

3. 〈正解〉 **(A)** asserts 〈800レベル〉
〈訳〉 プロジェクト・マネージャーに提出された会社の報告書では、熟練労働者の不足が事業拡大を抑制していると明言されている。
〈ポイント〉 文脈から「断言する」という意味の asserts が正解。refer は refer to his supervisor for his achievement（上司に業績を照会する）のように用い、recite は「復唱する」、call は「呼ぶ」なのでここでは不適切。

4. 〈正解〉 **(A)** reinstated 〈950レベル〉
〈訳〉 資金を濫用していたのではなかったと判明した後、ハリソン氏は会長として復帰した。
〈ポイント〉 文脈から「復帰させる」という意味の reinstated が正解。distract「気をそらす」、determine「決定する」、reprimand「叱責する」はいずれも文脈に合わない。

5. 〈正解〉 **(A)** ensure 〈860レベル〉
〈訳〉 その技能修習プログラムの教育部長は、グローバル教育研究所と共同作業を行い、プログラムが必ず学生の必要性を確実に満たすようにしている。
〈ポイント〉 文脈から「確実にする」という意味の ensure が正解。define「定義する」、accept「受け入れる」、imply「ほのめかす」は意味的に合わない。

6. 〈正解〉 **(A)** involves 〈860レベル〉
〈訳〉 文書処理を促進するキーボード・コマンドはさまざまだが、そのうち一般の使用に含まれるのはごくわずかである。
〈ポイント〉 文脈から「伴う」という意味の involves が正解。receive「受け取る」、subscribe「購読する」、correspond「対応

第5章　一般語彙問題大特訓　187

する」は文脈的に合わない。

7. 〈正解〉（**B**）precludes 〈950レベル〉
〈訳〉 当地の卸売販売業者が、仲介業者を介さずに、一般大衆に商品やサービスを提供することは法的に不可能である。
〈ポイント〉 文脈から「妨げる」という意味のprecludesが正解。seclude「隔離する」、conclude「締結する」、include「含める」はいずれも文意に合わない。

8. 〈正解〉（**D**）demoralized 〈950レベル〉
〈訳〉 多くの中間事務職員は、抜本的なリストラと収入減によって意気消沈している。
〈ポイント〉 文脈から「士気をなくす」という意味のdemoralizedが正解。decentralizeは「分散する」、deregulateは「規制緩和する」、demolishは「取り壊す」だが、いずれも不適切。

9. 〈正解〉（**A**）overhaul 〈950レベル〉
〈訳〉 Morgan Systems社の新CEOは、経費削減と人材管理に焦点を合わせて会社の立て直しに励んでいる。
〈ポイント〉 文脈から「総点検する」という意味のoverhaulが正解。overtake「追い越す」、overturn「転覆させる」、overlook「大目に見る」は文意に合わない。

10. 〈正解〉（**C**）vacate 〈950レベル〉
〈訳〉 借家人が、継続的に家賃の不払いをすれば、家屋を退去させられるか、財産を差し押さえられるだろう。
〈ポイント〉 文脈から「立ち退く」という意味のvacateが正解。（A）はsustain serious injuries（重傷を負う）、sustain the objection（異議を認める）、（B）はsweep to victory（圧勝する）、sweep the horizon（水平線を見渡す）、（C）はvacate the sentence（判決を無効にする）、the vacated position（空席の職位）、（D）はunderline the importance（重要性を強調する）のように用いる必須語。

★ TOEIC 満点 Get! Part 7 パラフレーズ問題大特訓⑧ ★

下線部分に最も近い意味を表す語のグループを、下の選択肢から選びなさい。(制限時間3分。答えは p.200)

1. Nelson is <u>undoubtedly</u> qualified to fill the opening position.
2. Time management is <u>notably</u> important in handling multiple tasks.
3. The information is available <u>exclusively</u> for our members.
4. The secretary <u>deliberately</u> deleted the important file of her colleague.
5. This new software helps you learn multiple languages <u>simultaneously</u>.
6. The graphic designer <u>primarily</u> use the desktop computer for his work.
7. <u>Roughly</u> 500 guests attended the birthday party of the accomplished pianist.
8. He <u>originally</u> came to Japan to learn the latest computer technology.
9. It is <u>seemingly</u> impossible to acquire the marketable skill in a short time.
10. Additional workload can <u>eventually</u> result in severe fatigue.

A. approximately, almost, about, nearly
B. finally, ultimately, sooner or later
C. mainly, mostly, basically, chiefly
D. initially, at first, in the beginning
E. only, solely
F. at the same time, concurrently, all together
G. intentionally, on purpose, willfully
H. surely, certainly, definitely, without a doubt
I. apparently, outwardly, on the surface
J. particularly, especially

一般語彙問題大特訓④（形容詞編）

制限時間3分

1. Computers sometimes act up for no ------- reason, though they are programmed to perform the same function as what the user would like them to.
   (A) previous   (B) unexpected   (C) vicious   (D) apparent

2. While the developed world has witnessed tremendous progress in medicine, there still remain diseases like malaria that are ------- to treat in the third world.
   (A) vulnerable   (B) challenging
   (C) hazardous   (D) essential

3. ------- wisdom holds that workers who join a Japanese company earlier are always considered superiors and preferentially treated in terms of salary and promotion.
   (A) Prominent   (B) Intrinsic
   (C) Populous   (D) Conventional

4. Upon request, Lux Nationwide Logistics Co., Ltd. provides an ------- delivery and time-definite ground service twice a week during non-peak periods.
   (A) outrageous   (B) overnight   (C) occasional   (D) overdue

5. The two ------- houses were built side by side and inhabited by the extended family who tried to save the costs of childcare and to strengthen its bond.
   (A) intermediary   (B) ingenuous   (C) identical   (D) inherent

6. A close inspection of the two documents will reveal a ------- difference in the statistical data and the consistency of the logic.
   (A) impending　(B) striking　(C) binding　(D) trifling

7. Most major carriers offer ------- flyer programs that enable their regular passengers to earn mileage points and enjoy special discounts.
   (A) spacious　(B) frequent　(C) thrifty　(D) commercial

8. If insidious computer virus were to run amok in the global Internet network, it would mean the loss of information on an ------- scale.
   (A) unprecedented　　(B) acrimonious
   (C) instantaneous　　(D) inappropriate

9. Pharmacists must notify the patient beforehand of any possibility of ------- effects as well as the appropriate dosage of the prescribed medications.
   (A) converse　(B) adverse　(C) perverse　(D) inverse

10. The IT managers' conference held on Tuesday to discuss the feasibility of the proposed plan ended with a ------- rejection.
    (A) collateral　　(B) precarious
    (C) consecutive　　(D) unanimous

解答＆解説

1. 〈正解〉　**(D) apparent**　〈800レベル〉
〈訳〉　ユーザーが望むいつもの機能をコンピュータにプログラミングしていても、はっきりとした理由なしに正常に動かなくなってしまう時がある。
〈ポイント〉　文脈から「はっきりとした」という意味の **apparent** が正解。
　　　　(A)は **previous fiscal year**(前年度)、(B)は **unexpected**

coincidence（予想外の一致）、(C) は vicious circle（悪循環）、(D) は apparent advantage（見かけ上の利点）のように用いる必須語。act up は「(機械などが) 正常に動作しない」という意味の必須句動詞。

2. 〈正解〉 **(B)** challenging 〈860レベル〉
〈訳〉 先進国世界では、医学がとてつもない進歩を遂げたが、マラリアのように治療しにくい病気が、第三世界にはまだある。
〈ポイント〉 文脈から「困難な」という意味の challenging が正解。(A) は vulnerable species（危急種）、(B) は challenging position（やりがいのある職務）、(C) は hazardous chemicals（有害化学薬品）、(D) は essential feature（本質的特性）のように用いる必須語。

3. 〈正解〉 **(D)** Conventional 〈860レベル〉
〈訳〉 世間一般の通念では、早期に日本の会社に入社した従業員は、給料や昇進の点ではいつも先輩として優遇されるものである。
〈ポイント〉 文脈から「世間一般の」という意味の Conventional が正解。(A) は prominent artist（傑出した芸術家）、(B) は intrinsic value（本質的な価値）、(C) は populous country（人口の多い国）、(D) は conventional approach（伝統的手法）のように用いる必須語。

4. 〈正解〉 **(B)** overnight 〈900レベル〉
〈訳〉 注文があり次第、Lux Nationwide Logistics 社は、ピーク時を除き、週2回で翌日配達と指定時刻の陸上輸送サービスを提供している。
〈ポイント〉 文脈から「翌日配達の」という意味の overnight が正解。(A) は outrageous slander（とんでもない中傷）、(B) は overnight accommodation（宿泊設備）、overnight success（一夜の成功）、(C) は occasional chairs（補助椅子）、(D) は overdue bill（支払期日を過ぎた請求書）のように用いる必須語。

5. 〈正解〉 **(C)** identical 〈860レベル〉
〈訳〉 その2軒のそっくりな家は、隣り合わせに建てられ、養育費を節約して絆を強めようとする拡大家族が住んでいた。
〈ポイント〉 文脈から「同一の」という意味のidenticalが正解。(A)はintermediary service(仲介)、(B)はingenuous smile(純真なスマイル)、(C)はvirtually identical quality(質的にほとんど同じ)、(D)はinherent rights(既得権)のように用いる必須語。

6. 〈正解〉 **(B)** striking 〈800レベル〉
〈訳〉 その2つの文書を入念に調べると、統計上のデータと論理の一貫性における顕著な相違点が明らかになるだろう。
〈ポイント〉 文脈から「顕著な」という意味のstrikingが正解。(A)はimpending crisis(差し迫る危機)、(B)はstriking similarity(顕著な類似点)、striking thought(妙案)、(C)はinternationally binding agreement(国際的に拘束力を持つ協定)、(D)はtrifling details(枝葉末節)のように用いる必須語。

7. 〈正解〉 **(B)** frequent 〈900レベル〉
〈訳〉 ほとんどの主要航空会社は、常連の乗客がマイレージポイントを得て特別割引を受けられるフリークエント・フライヤー・プログラムを提供している。
〈ポイント〉 文脈から「頻繁な」という意味のfrequentが正解。(A)はspacious room(広々とした部屋)、(B)はpub frequented by students(学生が頻繁に通う酒場)、(C)はthrifty homemaker(倹約なホームメーカー)、(D)はcommercial transaction(商取引)のように用いる必須語。

8. 〈正解〉 **(A)** unprecedented 〈900レベル〉
〈訳〉 仮にもし、たちの悪いコンピュータウィルスが、世界中のインターネット網で暴れ出すとしたら、空前の規模で情報消失が起こる

第5章　一般語彙問題大特訓　193

だろう。
〈ポイント〉　文脈から「空前の」という意味の unprecedented が正解。(A) は unprecedented success（空前の成功）、(B) は acrimonious relationship（辛辣な関係）、(C) は instantaneous velocity（瞬間速度）、(D) は inappropriate behavior（不適当な行動）のように用いる必須語。

9. 〈正解〉　(B) adverse　〈860レベル〉
〈訳〉　薬剤師は、患者に対して、処方薬の適切な服用量だけでなく、副作用のいかなる可能性についても、前もって告示しなければならない。
〈ポイント〉　文脈から「逆の、不利な」という意味の adverse が正解。(A) は converse view（正反対の見解）、(B) は adverse criticism（酷評）、adverse situation（困難な状況）、(C) は perverse sense（ひねくれたセンス）、(D) は inverse relationship（反比例関係）のように用いる必須語。

10. 〈正解〉　(D) unanimous　〈800レベル〉
〈訳〉　ITマネージャー会議が火曜日に開かれ、提案された計画の実行可能性が話し合われたが、満場一致で却下された。
〈ポイント〉　文脈から「満場一致の」という意味の unanimous が正解。(A) は collateral damage（巻き添えによる被害）、(B) は precarious position（危うい立場）、(C) は five consecutive years（5年連続）、(D) は unanimous vote（全員一致の票決）のように用いる必須語。

★ TOEIC 満点 Get! Part 7 パラフレーズ問題大特訓⑨ ★

下線部分に最も近い意味を表す語のグループを、下の選択肢から選びなさい。(制限時間3分。答えは p.201)

1. She managed to find a <u>practicable</u> solution to the labor problem.
2. He couldn't give a <u>coherent</u> account of his fatal mistake.
3. A <u>substantial</u> number of car accidents still happens despite the warning.
4. A master's degree from a <u>prestigious</u> university is an advantage when applying for the program.
5. She was baffled by the <u>spontaneous</u> recovery of her patient.
6. Executives from both companies make regular visits on a <u>reciprocal</u> basis.
7. It's reported that many economists see China as the most <u>resilient</u> market in the world.
8. Joe called in sick this morning due to his <u>acute</u> back pain.
9. The electric appliances firm has taken a drastic measure to handle a <u>chronic</u> shortage of skilled engineers.
10. Long commuting time by train was the <u>principal</u> reason why she quit the previous job.

A. naturally occurring, automatic
B. severe, strong, serious
C. strong, tough, robust, quickly recover
D. practical, viable, workable, feasible
E. reasonable, logical, clear and sensible, consistent
F. considerable, large, great, significant
G. mutual, exchanged, give-and-take
H. main, key, chief
I. difficult to get rid of, long lasting, persistent
J. reputable, leading, first-class, highly-acclaimed

一般語彙問題大特訓⑤（形容詞編）

1. Customers using any of the ------- payment agencies will be charged a $1.40 service transaction fee.
   (A) authorized   (B) certified   (C) qualified   (D) attested

2. We are pleased to inform you that the item we ordered arrived ------- and in a timely manner as usual.
   (A) incompetent   (B) inevitable   (C) imperative   (D) intact

3. To reach the ------- production goal of six million barrels of oil per day will require an additional $20 billion of investment.
   (A) ambitious   (B) integral   (C) massive   (D) adverse

4. The coffee company admits that for a day and a half it ------- charged some customers double for their coffee.
   (A) reciprocally   (B) collectively
   (C) preferably   (D) inadvertently

5. A well-known meteorologist says a(n) ------- rainfall is likely to bring a record soy bean crop for Argentina.
   (A) accidental   (B) abundant   (C) common   (D) occasional

6. ------- items include such foods as eggs and meat, and such drugs as pastes powders and tablets.
   (A) Perishable   (B) Compatible
   (C) Sustainable   (D) Incredible

7. Gemco Semiconductor Corporation has a comprehensive program for Quality Sampling to ensure that ------- products will meet all datasheet requirements and customer expectations.
(A) outgoing　(B) overall　(C) toxic　(D) trifling

8. I'll appreciate your timely arrival at the conference room as our meetings begin ------- at 14:00.
(A) temporarily　(B) presently　(C) sharply　(D) promptly

9. British bank Barclays ------- denied the rumor that it was about to announce a $10 billion writedown.
(A) roughly　　　(B) categorically
(C) devotedly　　(D) substantially

10. Due to a logistical problem, the leading toy maker has ------- sold out of the latest model of the portable game machine.
(A) voluntarily　(B) negatively
(C) temporarily　(D) impulsively

解答&解説

1.〈正解〉**(A)** authorized 〈950レベル〉
〈訳〉 公認支払い機関をご利用のお客様には$1.40のサービス取引料が課されます。
〈ポイント〉 authorized「認可された」とcertified「認定された」は使い分けが難しいように見えるが、前者は主に組織や活動を、後者は主に人を修飾する。公認会計士（CPA）は、Certified Public Accountantのこと。qualifiedは「資格のある」、attestedは「証人のある」という意味。

2.〈正解〉**(D)** intact 〈860レベル〉
〈訳〉 貴社の荷物は、無事かつ、いつものように時間どおりに着きました。
〈ポイント〉 intactは「無傷の」という意味で、"the item（主語）= intact

（補語）"の関係にある。imcompetent「無能な」、inevitable「必然的な」、imperative「絶対必要な」は文脈的に合わない。

3. 〈正解〉 （**A**）　ambitious　〈860レベル〉
〈訳〉　原油日産600万バレルという野心的な目標を達成するには、さらに200億ドルの追加投資が必要だ。
〈ポイント〉　ambitious goal で「野心的目標」という意味の重要フレーズ。integral「不可欠な」、massive「大規模な」、adverse「逆の、不利な」は文脈的、フレーズ的に合わない。

4. 〈正解〉 （**D**）　inadvertently　〈950レベル〉
〈訳〉　そのコーヒー会社は、1日半、不注意でお客に2倍のコーヒー代金を請求したことを認めた。
〈ポイント〉　inadvertently は「（悪意なく）不注意で」という意味。reciprocally「相互に」、collectively「集団で」、preferably「できれば」は文脈的に合わない。

5. 〈正解〉 （**B**）　abundant　〈800レベル〉
〈訳〉　著名な気象学者が、ふんだんな雨がアルゼンチンに記録的な大豆の収穫をもたらすだろうと言っている。
〈ポイント〉　abundant は「豊富な」という意味。大豆が豊作になるためには、accidental「偶然の」、common「普通の」、occasional「たまの」の降雨ではだめで、abundant「豊富な」に降る必要がある。

6. 〈正解〉 （**A**）　Perishable　〈800レベル〉
〈訳〉　傷みやすい品目には卵や肉などの食品および、ペースト、粉、錠剤などの薬品が含まれる。
〈ポイント〉　perishable は「傷みやすい、腐りやすい」という意味。compatible「相性がいい、両立できる、互換性のある」、sustainable「持続できる、地球に優しい」、incredible「信じられない」は文脈に合わない。

7.〈正解〉 **(A)** outgoing 〈860レベル〉
〈訳〉 Gemco Semiconductor 社では、出荷製品がすべてのデータシートと顧客の期待に沿うように「品質サンプリング」のための総合計画を確立しています。
〈ポイント〉 outgoing は「外に出て行く」という意味で、outgoing mail などのように使う。overall「全体の」、toxic「毒性の」、trifling「つまらない」は文脈に合わない。

8.〈正解〉 **(D)** promptly 〈860レベル〉
〈訳〉 会議が14時に始まりますので、会議室へ時刻どおりにお越しくださるようお願い申し上げます。
〈ポイント〉 「きっかり、早急に」という意味の promptly が正解。temporarily「一時的に」、presently「現在」、sharply「鋭く、急に」は文脈に合わない。sharply ではなく sharp を用いて at 14:00 sharp（14時きっかりに）と言うことはある。

9.〈正解〉 **(B)** categorically 〈950レベル〉
〈訳〉 イギリスの銀行バークレイは、同行が100億ドルの評価損を発表するだろうとの噂を断固否定した。
〈ポイント〉 categorically は「断固として」という意味で、deny, refuse, reject のように「否定」を表す語と結びつく。roughly「大体」、devotedly「献身的に」、substantially「大幅に」は文脈に合わない。

10.〈正解〉 **(C)** temporarily 〈800レベル〉
〈訳〉 物流上の問題により、玩具のトップメーカーは一時的に新作の携帯ゲーム機が売り切れになっています。
〈ポイント〉 temporarily は「一時的に、仮に」という意味。「物流の問題」によるわけだから、voluntarily「自主的に」、negatively「否定的に」、impulsively「衝動的に」は文脈的に合わない。

★ TOEIC 満点 Get! Part 7 パラフレーズ問題大特訓⑩★

下線部分に最も近い意味を表す語のグループを、下の選択肢から選びなさい。(制限時間3分。答えは p.201)

1. Ms. Coy couldn't give a <u>conclusive</u> evidence of the link between her eyestrain and overwork.
2. He <u>cited</u> one example of the effective sales promotion in Shanghai.
3. Everyone was surprised that Mr. Jones <u>tendered</u> his resignation today.
4. Huge budget deficit <u>undermines</u> public confidence in fiscal sustainability.
5. Airline companies may <u>charge</u> an additional fee for overweight baggage.
6. The housing loan <u>carries</u> 4.7% interest.
7. Your premium membership <u>expires</u> at the end of August.
8. This attached file may contain a virus that could <u>jeopardize</u> your personal information.
9. She is scheduled to <u>report</u> to the head office this afternoon.
10. The local bank takes a couple of days to <u>process</u> loan applications.

A. require, demand, call for
B. threaten, pose a threat
C. authentic, definitely true
D. submit, put forward, hand in
E. end, terminate, become valid, run out
F. go, show up at, appear at
G. weaken, impair, damage
H. present, show, give, offer
I. give, offer, provide, include
J. deal with, take care of, manage, handle

★パラフレーズ問題大特訓⑥〜⑩ 解答と下線部分の訳★

パラフレーズ問題大特訓⑥

解答　1-C, 2-G, 3-D, 4-A, 5-I, 6-F, 7-B, 8-J, 9-E, 10-H

1. practice（実践する）　2. produce（提示する）　3. evacuate（避難する）　4. manipulate（操作する）　5. contract（病気にかかる）　6. reconcile（折り合いがつくようにする）　7. consume（消滅させる）　8. exhaust（使い果たす）　9. acknowledge（受け取ったことを知らせる）　10. endorse（支持する）

パラフレーズ問題大特訓⑦

解答　1-J, 2-E, 3-B, 4-H, 5-I, 6-G, 7-F, 8-D, 9-A, 10-C

1. lift（禁止などを解除する）　2. quote（価格を言う）　3. retrieve（復活させる）　4. deduct（差し引く）　5. exercise（発動する）　6. streamline（能率的にする）　7. corner（買い占める）　8. address（問題に取り組む）　9. credit（名誉をもたらす）　10. accommodate（順応する）

パラフレーズ問題大特訓⑧

解答　1-H, 2-J, 3-E, 4-G, 5-F, 6-C, 7-A, 8-D, 9-I, 10-B

1. undoubtedly（明らかに）　2. notably（特に）　3. exclusively（〜だけに）　4. deliberately（わざと）　5. simultaneously（同時に）　6. primarily（主に）　7. roughly（およそ）　8. originally（最初は）　9. seemingly（一見したところ）　10. eventually（最後には、結局）

パラフレーズ問題大特訓⑨

解答　1-D, 2-E, 3-F, 4-J, 5-A, 6-G, 7-C, 8-B, 9-I, 10-H

1. practicable（実行可能な）　2. coherent（首尾一貫して理解しやすい）　3. substantial（量が多い）　4. prestigious（一流の）
5. spontaneous（自然に起きる）　6. reciprocal（相互の）
7. resilient（回復力のある）　8. acute（痛みが激しい）　9. chronic（常在する、慢性の）　10. principal（主な）

パラフレーズ問題大特訓⑩

解答　1-C, 2-H, 3-D, 4-G, 5-A, 6-I, 7-E, 8-B, 9-F, 10-J

1. conclusive（決定的な、確実な）　2. cite（引用する）　3. tender（提出する）　4. undermine（評判を傷つける）　5. charge（代金を請求する）　6. carry（［利子が］つく）　7. expire（有効期限が切れる）
8. jeopardize（危険にさらす）　9. report（出向く）
10. process（処理する）

　さて皆さんいかがでしたか。第5章「一般語彙問題大特訓」のスコアはよかったですか。この章に関しては、苦手な人はこの問題だけでは足りないので、5千語〜8千語水準のボキャブラリービルディングをする必要があります。それでは皆さん、次は「多義語問題大特訓」に参りましょう。

第6章

多義語問題
大特訓

TOEICで高得点や満点をとるには「**多義語**」の知識が極めて重要です。というのは、中学で習う1000語水準の語彙や高校で習う4000語水準の語彙は、一見簡単そうに見えても、ノンネイティブがあまり知らないけれどもネイティブなら誰でも知っている意味がたくさんあり、その知識を問う問題がTOEICでは頻繁に狙われているからです。そこでこの章では、主にそういった「4000語水準までの多義語」を中心に大特訓を行いたいと思います。それでは皆さん、まずは練習問題にチャレンジしてみてください。そして問題を解き終わった後は、必ず答え以外の選択肢の解説にも目を通し、それぞれのコロケーション（フレーズ）も頭に入れておきましょう。また、コラムの「紛らわしい語クイズ」や「必須語根」にも、効果的なボキャブラリービルディングには欠かせない情報が満載されているので、ぜひチャレンジしてマスターしてください。それではさっそく参りましょう！

多義語動詞超難問大特訓①

1. The company continued to ------- a significant loss for the third quarter of its 2010 financial year because of escalating costs and shrinking demand.
   (A) send   (B) trap   (C) pay   (D) post

2. The candidate spent a lot of time beefing up his resume, and managed to ------- an interview with the company.
   (A) terminate   (B) hold   (C) land   (D) cancel

3. At this parking lot, customers who cannot ------- their parking ticket on departure will be charged at the full daily rate.
   (A) buy   (B) retrieve   (C) produce   (D) ensure

4. Before publicly disclosing the details of one's invention, it is important to ------- a patent application.
   (A) equip   (B) bill   (C) file   (D) brief

5. The company announced the decision to ------- the operations of three branches into one to curtail the cost.
   (A) expand   (B) streamline   (C) reinforce   (D) amplify

6. The new CEO has a creative mind and often comes up with unconventional methods that ------- attention.
   (A) appraise   (B) excuse   (C) merit   (D) promise

7. We do not ------- responsibility for the delay of time due to a traffic jam or any other problem during the tour.
   (A) envelop   (B) load   (C) enforce   (D) assume

8. Thanks to Mr. Leon's admirable leadership, the company managed to ------- the economic slump at that time.
（A）discharge　（B）undergo　（C）restore　（D）weather

9. The company announced its intention to start a court procedure to ------- the contract with the Frost Corporation due to its breach of contract.
（A）dissolve　（B）renew　（C）break　（D）apply

10. ------- with heavy debts, Optimum is planning to sell its North American operations to shift its focus back to Europe.
（A）Discounting　　　（B）Conducting
（C）Acknowledging　（D）Struggling

解答＆解説

1.〈正解〉（**D**）post　〈900レベル〉
〈訳〉　コストの上昇と需要の縮小のために、その会社は2010経済年度における第3四半期で大きな損失を出し続けた。
〈ポイント〉　post には収益、結果、損失を目的語にとって、「（収益や結果）を上げる、（損失）を出す」という用法がある。他に post a parcel（小包を郵送する）、post guards at the door（戸口に守衛を置く）がある。（B）は trap heat in the atmosphere（大気中の熱を閉じ込める）のように使える。

2.〈正解〉（**C**）land　〈950レベル〉
〈訳〉　その応募者は履歴書をよりよくするために多くの時間を費やし、何とかその会社での面接をとりつけた。
〈ポイント〉　文脈より、「（面接）にたどり着く、ありつく」の意味になる land が正解。（A）は terminate a contract（契約を終了させる）、terminate employees（従業員を解雇する）、（B）は hold an interview（面接を行う）があるが、その場合は主語が会社側となるので不適。（D）は cancel an

interview（面接を辞退する）のように使える。

3. 〈正解〉（C）produce 〈900レベル〉
〈訳〉 当駐車場では、出発の際に駐車券をご提出いただけないお客様には丸1日分の駐車料金が課されます。
〈ポイント〉 「出発の際に」という文脈より、「（駐車券）を提出する、出して見せる」の意味を持つ produce を選ぶ。(B) は retrieve data（データを検索する）、retrieve one's honor（名誉を回復する）、(D) は ensure delivery date（納入期限を守る）、ensure equality of treatment（待遇の平等を保証する）のように使える。

4. 〈正解〉（C）file 〈860レベル〉
〈訳〉 発明の詳細を公開する前に、特許を申請することが大切だ。
〈ポイント〉 文脈より「（特許）を申請する」の意味になる file が正解。他に file for bankruptcy（破産申請する）の表現がある。(A) は equip myself（身支度をする）、(B) は be billed for the supplies（商品の代金を請求される）、(D) は brief her on the plan（計画の概要を彼女に伝える）のように使える。

5. 〈正解〉（B）streamline 〈900レベル〉
〈訳〉 その会社は費用を削減するために事業を効率化し、3つの支部を一本化する決定を発表した。
〈ポイント〉 後半の文脈より、「（事業）を効率化する」の意味になる streamline が正解。(A) は expand production（生産を拡大する）、expand on the idea（考えをさらに詳しく述べる）、(C) は reinforce efforts（取り組みを強化する）、(D) は amplify the sound（音を拡大する）のように使える。

6. 〈正解〉（C）merit 〈950レベル〉
〈訳〉 その新 CEO は創造的な頭脳の持ち主で、注目に値する型にはま

らない方法をよく思いつく。
〈ポイント〉　merit attention で「注目に値する」。merit は deserve「～に値する」にも置き換え可。(A) は appraise the property（財産を査定する）、(B) は be excused from a duty（義務を免除される）、excuse his inexperience（彼の経験不足を大目に見る）、(D) は It promises to be unique.（類のないものになるのは確かだ）のように使える。

7. 〈正解〉　(D) assume　〈800レベル〉
〈訳〉　ツアー中の交通渋滞やその他のいかなる理由による遅延に対しても、我々は責任を負いません。
〈ポイント〉　assume responsibility で「責任を負う」。他に assume the worst（最悪を想定する）、assume control（支配権を握る）も重要。(A) は be enveloped in flames（炎に包まれる）、(B) は load the cargo（荷物を積み込む）、load the film（フィルムを入れる）、(C) は enforce the law（法律を施行する）のように使える。

8. 〈正解〉　(D) weather　〈950レベル〉
〈訳〉　レオン氏の賞賛すべき指導力のおかげで、その会社は当時の経済の停滞期を乗り切ることができた。
〈ポイント〉　文脈より、「（停滞期）を乗り切る」の意味になる weather が正解。(A) は discharge an employee（従業員を解雇する）、(B) は undergo the operation（手術を受ける）、undergo training（訓練を受ける）、(C) は restore the economy（経済を回復する）のように使える。

9. 〈正解〉　(A) dissolve　〈950レベル〉
〈訳〉　その会社は、契約違反により Frost 社との契約を解除するための法的手続きをとる意図を発表した。
〈ポイント〉　文脈より、「（契約）を解除する」の意味になる dissolve が正解。(B) だと renew the contract（契約を更新する）、

（C）だと break the contract（契約に違反する）、（D）だと apply the contract（契約を適用する）という意味になる。

10. 〈正解〉　**(D)** Struggling　〈730レベル〉
〈訳〉　莫大な負債にあえいでいる Optimum 社は、ヨーロッパに拠点を戻すためにアメリカ北部での事業を売却することを計画している。
〈ポイント〉　空欄には自動詞の Struggling が入る。struggle with ～で「～に取り組む」の意味。(A)は discount the possibility（可能性を考慮に入れない）、(B) は conduct an audit（会計監査を行う）、(C) は acknowledge the letter（手紙を受け取る）、acknowledge the gift（贈り物に対して礼を言う）のように使える。

★ TOEIC 満点 Get! 紛らわしい語クイズ(形容詞)にチャレンジ！① ★

適切な形容詞はどちらでしょう？
1. (compulsory / compulsive) education（義務教育）
2. (variable / various) reasons（さまざまな理由）
3. (respective / respectable) career（立派なキャリア）
4. (favorite / favorable) location（好都合なロケーション）
5. (imaginary / imaginative) creatures（想像上の生き物）
6. (continued / continual) change（断続的な変化）
7. (medicinal / medical) care（診療）
8. (regrettable / regretful) look（申し訳なさそうな表情）
9. (competent / competitive) job applicant（有能な求職者）
10. (instructional / instructive) experience（ためになる経験）

|解答| 1. compulsory 2. various 3. respectable
4. favorable 5. imaginary 6. continual 7. medical
8. regretful 9. competent 10. instructive

|重要フレーズ| 1. compulsory audit（強制監査）/ compulsive gambler（病みつきのギャンブラー） 2. variable weather（変わりやすい天気）/ various opportunities（さまざまな機会） 3. respective fields（それぞれの分野）/ respectable life（きちんとした生活） 4. favorite feature（お気に入りの機能）/ favorable condition（好都合な条件） 5. imaginary figure（想像上の人物）/ imaginative approach（想像力に富んだアプローチ） 6. continued support（今後変わらぬ支援）/ continual demand（絶え間ない要求） 7. medicinal beverage（薬効成分のある飲み物）/ medical advance（医療の進歩） 8. regrettable accident（遺憾な事件）/ regretful apology（申し訳なさそうな謝罪） 9. competent doctor（優れた医者）/ competitive market（競争の激しい市場） 10. instructional program（教育プログラム）/ instructive book（ためになる本）

多義語動詞超難問大特訓②

1. A Swiss maker of computer-related equipment is developing battery-powered smart labels which can ------- the temperatures of food.
   (A) monitor　(B) reserve　(C) excite　(D) train

2. To attract as many people's attention as possible, advertisers try to ------- a catchy new word that contains rich connotations.
   (A) coin　(B) house　(C) consult　(D) cover

3. The institution will soon ------- its funding of scientific research into several new fields in thirteen countries.
   (A) exalt　(B) exclaim　(C) expel　(D) expand

4. Demand for energy-efficient hybrid cars has been increasing since oil prices ------- a record high.
   (A) bore　(B) hit　(C) facilitated　(B) grew

5. The police ------- the scene of the president's disappearance with a glimmer of hope for some clue to the solution of the mystery.
   (A) combed　(B) split　(C) funneled　(D) cordoned

6. Marvel Prince Hotel is located on the corner of the hillside, which ------- the whole city and gives guests an impressive view.
   (A) commands　(B) undermines
   (C) dispenses　(D) penetrates

7. Johnson Driving School has a unique system which allows each instructor to ------- each lesson to the individual needs of his or her students.
   (A) undertake   (B) tailor   (C) forward   (D) accommodate

8. Solar-thermal system ------- the sun's energy to directly heat water or space for homes and businesses.
   (A) confines   (B) affiliates   (C) employs   (D) modifies

9. The village has witnessed for the last ten years a series of crises that has ------- many lives as well as billions of dollars in property.
   (A) claimed   (B) contaminated   (C) quoted   (D) redressed

10. The baseball player is seeking sponsors to ------- money for every hit he gets this season to contribute wheel chairs to disabled children.
    (A) assign   (B) pledge   (C) nurse   (D) deposit

解答&解説

1. 〈正解〉 (**A**) monitor 〈860レベル〉
〈訳〉 スイスのコンピュータ関連機器会社が、食料の温度を測定できる電池式高性能ラベルの開発を進めている。
〈ポイント〉 文脈から「測定する」という意味の monitor が正解。reserve「取っておく」、excite「興奮させる」、train「訓練する」はいずれも文意に合わない。

2. 〈正解〉 (**A**) coin 〈900レベル〉
〈訳〉 できるだけ多くの人の注意を引きつけるために、広告業者は大衆に受けるような豊かな含みを持つ新語を作り出そうとする。
〈ポイント〉 coin は言葉を目的語にとり、「(言葉)を作り出す」という意味になる。(B) は house a library（図書を所蔵する）、(C) は consult a guidebook（旅行案内を見る）、(D)

は cover the medical expenses（医療費を負担する）、The report covers noise pollution.（レポートは騒音公害を扱っている）のように使える。

3. 〈正解〉（**D**）expand 〈730レベル〉
〈訳〉 間もなくその団体は、科学研究の資金を、13カ国に及ぶいくつかの新分野に向けて拡大するだろう。
〈ポイント〉 文脈から「広げる」という意味の expand が正解。exalt「称賛する」、exclaim「叫ぶ」、expel「追放する」はここでは不適切。

4. 〈正解〉（**B**）hit 〈800レベル〉
〈訳〉 石油価格が最高値を記録して以来、燃費のよいハイブリッドカーに対する需要が高まっている。
〈ポイント〉 hit a record high で「記録的な最高値に達する」の意味になる。他に hit the number（数値目標を達成する）の表現がある。(A) は bear interest of 5% a year（年利5％になる）、Our efforts bore fruit.（我々の努力が実った）、(C) は facilitate growth（成長を促進する）のように使える。

5. 〈正解〉（**A**）combed 〈950レベル〉
〈訳〉 警察は、謎の解明につながる何らかの手がかりへのわずかな希望を抱いて、社長が失踪を遂げた事件現場をくまなく捜索した。
〈ポイント〉 文脈から「捜索する」という意味の combed が正解。(A) は comb her hair（髪をくしでとかす）、(B) は split their votes（複数投票をする）、split the scene（その場から立ち去る）、(C) は funnel the money（お金をつぎ込む）、(D) は cordon off the area（その区域に非常線を張る）のように用いる必須語。

6. 〈正解〉（**A**）commands 〈900レベル〉
〈訳〉 Marvel Prince Hotel は丘陵の斜面の角に位置しており、町の全

景を見下ろし、宿泊客は見事な眺めを楽しめます。
〈ポイント〉 command には「（下の一帯）を見下ろす」の意味がある。他に command a majority（多数を占める）の表現がある。(B) は undermine public confidence（国民の信頼を損ねる）、(C) は dispense a prescription（処方箋を調剤する）、(D) は penetrate the market（市場に浸透する）のように使える。

7. 〈正解〉 (B) tailor 〈900レベル〉
〈訳〉 Johnson Driving School には独特のシステムがあり、教官が1人1人の生徒のニーズに合わせて授業をすることを可能にしています。
〈ポイント〉 tailor A to B で「A を B（の目的、要求）に合わせて作る」の意味。(A) は undertake a task（仕事を引き受ける）、(C) は forward an email（メールを転送する）、forward a plan（計画を促進する）、(D) は accommodate the needs（要求に対応する）、accommodate to the change（変化に順応する）のように使える。

8. 〈正解〉 (C) employs 〈860レベル〉
〈訳〉 太陽熱システムは、家庭用または商用に水や空間を直接温めるために太陽エネルギーを使います。
〈ポイント〉 文脈より「（物、方策）を利用、採用する」という意味の employs が正解。(A) は be confined in jail（投獄される）、(B) は affiliate with the company（会社と提携する）、(D) は modify the policy（方針を変更する）のように使える。

9. 〈正解〉 (A) claimed 〈900レベル〉
〈訳〉 その村はこの10年間に立て続けに災害に遭い、多くの人命と何十億ドルにおよぶ財産を失ってきた。
〈ポイント〉 claim には「[事故などが]（人命）を奪う」という用法がある。その他、claim travel expenses（旅費を請求する）

の表現がある。(B) は contaminate his mind（彼の心に悪影響を及ぼす）、(C) は quote the price（値をつける）、(D) は redress the balance（貿易均衡を取り戻す）のように使える。

10. 〈正解〉 (B) pledge 〈950レベル〉
〈訳〉 その野球選手は、障害を持つ子どもたちに車椅子を寄贈するために、シーズン中にヒットを打つ度に寄付してくれるスポンサーを募集している。
〈ポイント〉 pledge money で「寄付する」。他に pledge allegiance（忠誠を誓う）の表現がある。(A) は assign the task（仕事を割り当てる）、assign her rights（権利を譲渡する）、(C) は nurse the patient（患者を看護する）、nurse a baby（子守をする）、(D) は deposit your valuables（貴重品を預ける）のように使える。

★ TOEIC 満点 Get! 紛らわしい語クイズ (形容詞) にチャレンジ! ② ★

適切な形容詞はどちらでしょう?
1. (seasoned / seasonal) workers (季節性の労働者)
2. (satisfying / satisfactory) career (満足のいくキャリア)
3. (redeemed / redeemable) coupons (商品と引き換え可能なクーポン券)
4. (considerate / considerable) to others (他人に思いやりがある)
5. (sensitive / sensible) choice (賢明な選択)
6. (extensive / extended) investigation (広範囲に及ぶ捜査)
7. (preferable / preferred) acceptance (優先受け入れ)
8. (excited / exciting) experience (わくわくする経験)
9. (excessive / exceeding) smoking (度を超した喫煙)
10. (repetitive / repeated) job (繰り返しの多い仕事)

|解答| 1. seasonal 2. satisfying 3. redeemable
4. considerate 5. sensible 6. extensive 7. preferred
8. exciting 9. excessive 10. repetitive

|重要フレーズ| 1. seasoned driver (熟練のドライバー) / seasonal disorder (季節性の疾患) 2. satisfying experience (満足のいく経験) / satisfactory evidence (十分な証拠) 3. redeemed sinner (救われた罪人) / non-redeemable ticket (払い戻し不可のチケット) 4. considerate tone of voice (思いやりのある口調) / considerable amount (かなりの量) 5. sensitive issue (慎重に扱うべき問題) / sensible person (分別のある人) 6. extensive research (広範囲に渡る研究) / extended family (拡大家族) 7. preferable policy (優先政策) / preferred applicants (推薦による入学志願者) 8. excited audience (興奮した観客) / exciting computer game (刺激的なコンピュータゲーム) 9. excessive demand (過剰な要望) / exceeding efforts (並々ならぬ努力) 10. repetitive learning (反復学習) / repeated delay (度重なる遅れ)

多義語動詞超難問大特訓③

1. John Smith, with his campaign pledges to bring in mainstream retail business and improve public welfare, reportedly ------- the mayoral election.
   (A) dispatched   (B) overhauled   (C) withheld   (D) swept

2. The plant was forced to halt its assembly line for a week because most of the workers ------- illnesses.
   (A) contracted   (B) flunked   (C) conceded   (D) alleviated

3. Kelly Bobson, who won the Salesperson of the Year Award, was asked to ------- an award dinner and deliver a speech.
   (A) adapt   (B) attend   (C) mark   (D) participate

4. The members of the HR department decided to ------- the candidate because the gaps in the job history were not adequately accounted for.
   (A) reject   (B) release   (C) conclude   (D) linger

5. It is advisable to visit the company's website to determine what product best suits your needs before you ------- an order.
   (A) lift   (B) maintain   (C) disseminate   (D) place

6. Ms. Nelson was transferred to headquarters in New York last year, and now she ------- to Mr. Constantine in the accounting department.
   (A) reports   (B) works   (C) commits   (D) attends

7. The internationally acclaimed designer will ------- the fashion show and also serve as a judge.
   (A) shed   (B) evoke   (C) list   (D) host

8. Smithson has a generous budget to ------- an advertisement online to promote its new energy-efficient product nationwide.
   (A) direct   (B) pose   (C) observe   (D) place

9. The disadvantage of a used auto loan is that it usually ------- a higher interest rate than a new auto loan.
   (A) pays   (B) carries   (C) remits   (D) defines

10. A&G Corporation terminated the contract with its subcontractor because it frequently fails to ------- the deadline.
    (A) name   (B) meet   (C) miss   (D) extend

解答＆解説

1. 〈正解〉 **(D)** swept 〈950レベル〉
〈訳〉 主要な小売業の誘致や公共福祉の向上を公約に掲げたJohn Smithが、市長選に圧勝したと報じられている。
〈ポイント〉 sweepには選挙や試合などを目的語にとり、「(市長選)に圧勝する」という意味がある。(A)はdispatch an envoy（使節を派遣する）、(B)はoverhaul the engine（エンジンを分解修理する）、(C)はwithhold his tax（税金を天引きする）、withhold information（情報を伝えない）のように使える。

2. 〈正解〉 **(A)** contracted 〈900レベル〉
〈訳〉 大部分の労働者が病気にかかったので、その工場は生産ラインを1週間停止せざるを得なかった。
〈ポイント〉 contractには重い病気を目的語にとり、「(病気)にかかる」という意味がある。(B)はflunk a history exam（歴史の試験で赤点をとる）、(C)はconcede a goal（相手に

第6章　多義語問題大特訓　219

ゴールを許す)、concede the point（その点は譲歩する）、(D) は alleviate the burden（負担を軽減する）のように使える。

3. 〈正解〉 **(B)** attend　〈730レベル〉
〈訳〉 年間最優秀販売員賞を受賞した Kelly Bobson は、受賞ディナーに出席して演説するように依頼された。
〈ポイント〉 文脈より「(ディナー)に出席する」という意味になる (B) か (D) だが、(D) は自動詞であり in が必要。(A) は be adapted for film（映画化される）、(C) は mark a new record low for the year（その年の最低記録を更新する）、mark an epoch（新紀元を画する）のように使える。

4. 〈正解〉 **(A)** reject　〈800レベル〉
〈訳〉 人事部の職員は、職歴の空白が十分に説明されなかったという理由でその応募者を不採用にすることに決めた。
〈ポイント〉 文脈より、「(応募者)を不採用にする」の意味になる (A) が正解。他に reject a final appeal（上告を棄却する）の表現がある。(B) は release a movie（映画を封切る）、release the brake（ブレーキを緩める）、(C) は conclude an agreement（協定を結ぶ）、(D) は linger over his work（だらだらと仕事をする）のように使える。

5. 〈正解〉 **(D)** place　〈800レベル〉
〈訳〉 注文する前に、その会社のウェブサイトを訪れて、どの商品があなたのニーズに最も合うかを決めることが賢明です。
〈ポイント〉 place an order で「注文する」。(A) は lift the embargo（輸出禁止を解除する）、lift her spirit（彼女の気分を高揚させる）、(B) は maintain a family（家族を養う）、maintain his innocence（彼の無実を主張する）、(C) は disseminate information（情報を広める）のように使える。

6. 〈正解〉 (**A**) reports 〈900レベル〉
〈訳〉 ネルソン氏は昨年ニューヨークの本社に異動になり、今は経理部でコンスタンティン氏の下で働いている。
〈ポイント〉 report to 人で「(人[上司])の下で働いている」の意味。他に report to the head office (本社に出向く) の表現がある。(C) は commit myself to the project (企画に全力を傾ける)、commit a felony (重罪を犯す)、(D) は attend on the customers (客の用件を聞く) のように使える。

7. 〈正解〉 (**D**) host 〈800レベル〉
〈訳〉 その国際的に賞賛されているデザイナーがファッションショーを主催し、また審査員としての役割も務めることになっている。
〈ポイント〉 文脈より、「(ショー) を主催する」の意味になる host が正解。他に host a foreign exchange student (交換留学生を受け入れる) の表現がある。(A) は shed its leaves (葉を落とす)、(B) は evoke a response (反応を引き起こす)、(C) は list the name (名前をリストに載せる)、list to starboard (右舷に傾く) のように使える。

8. 〈正解〉 (**D**) place 〈800レベル〉
〈訳〉 Smithson 社は、エネルギー効率のよい新製品を国全体に宣伝するためのオンライン広告に当てる予算が十分にある。
〈ポイント〉 place an advertisement で「広告を出す」。(A) は direct a movie (映画を監督する)、(B) は pose a risk (危険性をもたらす)、pose a threat (脅威を与える)、(C) は observe group rules (集団の規則を守る)、observe etiquette (エチケットを守る) のように使える。

9. 〈正解〉 (**B**) carries 〈860レベル〉
〈訳〉 中古車ローンの不利な点は、新車ローンに比べて通常高い利息がつくことだ。
〈ポイント〉 carry には利息を目的語にとり、「(利息) がつく」という

用法がある。(C) は remit the balance（差額を送金する）、remit the tax（税金を免除する）、(D) は define the conditions（条件を明確にする）、define a role（役割を定める）のように使える。

10. 〈正解〉 (B) meet 〈800レベル〉
〈訳〉 A&G 社は、期限を守らないことがよくある下請業者との契約を打ち切った。
〈ポイント〉 meet the deadline で「期限を守る」の意味。他に meet the expenses（経費を支払う）の表現がある。(A) は name a day（日取りを決める）、name a price（値を言う）、(C) は miss the point（要点がわからない）、(D) は extend our support（支援する）、extend my gratitude（礼を言う）のように使える。

★ TOEIC 満点 Get! 紛らわしい語クイズ（形容詞）にチャレンジ！③ ★

適切な形容詞はどちらでしょう？
1. (eventual / eventful) day （いろんなことがある1日）
2. (infected / infectious) disease （伝染病）
3. (comparative / comparable) effect （同等の効果）
4. (manageable / managerial) skill （経営技術）
5. (preventable / preventive) medicine （予防医学）
6. (employed / employable) population （就業人口）
7. (economical / economic) car （燃費の低い車）
8. (reliable / reliant) evidence （信頼できる証拠）
9. (renewed / renewable) interest （新たな関心）
10. (practicing / practical) doctor （開業医）

解答　1. eventful　2. infectious　3. comparable
4. managerial　5. preventive　6. employed　7. economical
8. reliable　9. renewed　10. practicing

重要フレーズ　1. eventual outcome（最終結果）/ eventful life（波瀾万丈の一生）　2. infected area（伝染病汚染地域）/ infectious capacity（感染力）　3. comparative analysis（比較分析）/ comparable company（類似企業）　4. manageable size（扱いやすいサイズ）/ managerial position（管理職）　5. preventable disease（予防可能な病気）/ preventive injection（予防注射）　6. employed store manager（雇われ店長）/ employable workforce（雇用できる労働力）　7. economical person（倹約家）/ economic burden（経済的な負担）　8. reliable information（確かな情報）/ computer-reliant（コンピュータに依存する）　9. renewed awareness（新たな認識）/ renewable energy（再生可能エネルギー）　10. practicing lawyer（開業している弁護士）/ practical training（実用的な訓練、実習）

多義語動詞超難問大特訓④

1. There has been an increasing number of undocumented workers who launder profits made by ------- in illegally-copied DVDs.
   (A) drudging　(B) trafficking　(C) scampering　(D) indulging

2. The dissatisfied customer filed a lawsuit against Key Jewelers because of the firm's refusal to ------- the contract for the replacement of watch batteries.
   (A) review　(B) station　(C) ratify　(D) honor

3. The young proprietor seemed to know what it would take to ------- his honor when he corrected earlier mistakes and changed the business policy.
   (A) recant　(B) remit　(C) redeem　(D) reckon

4. The recent shortage of job opportunities has driven many college graduates to ------- themselves to land a job.
   (A) pose　(B) place　(C) pitch　(D) post

5. After many hours of counseling with his supervisor, Mr. Williams ended up ------- his letter of resignation.
   (A) pledging　(B) issuing　(C) boosting　(D) tendering

6. The newly emerging company is now making a desperate attempt to offset a loss and ------- the niche market of manufacturing precision machinery.
   (A) introduce　(B) penetrate　(C) reinforce　(D) undertake

7. Free trade could be promoted if more countries were willing to ------- their regulations on the import of goods and services.
 (A) illuminate (B) specify (C) restrict (D) relax

8. Technologically advanced plants inevitably ------- workers in the blue-collar sector by introducing increasingly automated systems.
 (A) budge (B) curtail (C) extol (D) shed

9. In this state, only such healthcare workers as those licensed to ------- medicine can provide medical services for both inpatients and outpatients.
 (A) qualify (B) circulate (C) practice (D) command

10. After they gave her the runaround and sent her from hospital to hospital, Sherry was finally ------- to the clinic quite remote from her apartment.
 (A) admitted (B) reported (C) induced (D) condemned

解答＆解説

1.〈正解〉**(B)** trafficking 〈900レベル〉
〈訳〉 違法コピーされたDVDの不正売買によって得た収益をマネーロンダリングする不法就労者の数が増えつつある。
〈ポイント〉 文脈から「不正取引をする」という意味のtraffickingが正解。(A)はdrudge through work（あくせく働く）、(B)はheavily trafficked highways（交通の激しい幹線道路）、(C)はscamper off in all directions（四方八方に逃げ回る）、(D)はindulge myself in luxury（好きなだけ贅沢する）のように用いる必須語。

2.〈正解〉**(D)** honor 〈900レベル〉
〈訳〉 Key Jewelersが、時計のバッテリーの交換に関する契約を守らないので、不満を持った顧客はその会社を提訴した。

〈ポイント〉 文脈から「履行する」という意味の honor が正解。(A) は review the case（事件を調査する）、review the book（書評をする）、(B) は station security guards（警備員を配置する）、(C) は ratify the treaty（条約を批准する）、(D) は honor 人 with an award（[人]に賞を与える）、honor the check（手形を引き受ける）のように用いる必須語。

3. 〈正解〉 **(C)** redeem 〈950レベル〉
〈訳〉 その若い経営者は、以前の過ちを正して経営方針を変えたとき、名誉を挽回するには何が必要となるかわかっているようだった。
〈ポイント〉 文脈から「挽回する」という意味の redeem が正解。(A) は recant my earlier statement（前言を撤回する）、(B) は remit a check（小切手を送る）、(C) は redeem the debts（借金を清算する）、redeem his promise（約束を果たす）、(D) は reckon the cost（費用を計算する）のように用いる必須語。

4. 〈正解〉 **(C)** pitch 〈950レベル〉
〈訳〉 最近の就職難で、多くの大卒学生は、自分を売り込んで職に就かなければならない状況に追い込まれている。
〈ポイント〉 文脈から「売り込む」という意味の pitch が正解。(A) は pose a threat（脅威を与える）、(B) は place an order（注文する）、place an international call（国際電話をかける）、(C) は pitch a tent（テントを張る）、(D) は post guards（守衛を置く）、post high earnings（大幅な収益を上げる）のように用いる必須語。

5. 〈正解〉 **(D)** tendering 〈900レベル〉
〈訳〉 何時間にもわたる上司との話し合いの後で、ウィリアムズ氏は結局辞表を提出することになった。
〈ポイント〉 文脈から「提出する」という意味の tendering が正解。(A) は pledge allegiance（忠誠を誓う）、pledge assets

（資産を担保に入れる）、(B)はissue a permit（許可証を発行する）、(C)はboost the economy（経済を活性化させる）、(D)はtender my apology（陳謝の意を表する）、tender delivery（引き渡しを行う）のように用いる必須語。

6. 〈正解〉 **(B)** penetrate 〈860レベル〉
〈訳〉 その新興の会社は、損失を埋め合わせて、精密機械を製造する隙間市場に入り込もうと躍起になっている。
〈ポイント〉 文脈から「潜入する」という意味のpenetrateが正解。(A)はintroduce new methods（新たな方法を導入する）、(B)はpenetrate to the heart（心に沁みる）、penetrate her mind（心を見抜く）、(C)はreinforce a wall（壁を補強する）、(D)はundertake a task（仕事を引き受ける）のように用いる必須語。

7. 〈正解〉 **(D)** relax 〈860レベル〉
〈訳〉 さらに多くの国が、商品やサービスの輸入に対する規制緩和を進めれば、自由貿易の促進は可能になるだろう。
〈ポイント〉 文脈から「緩める」という意味のrelaxが正解。(A)はilluminate the issues（問題を明らかにする）、(B)はspecify the condition（条件を特定する）、(C)はrestrict Internet access（インターネットのアクセスを制限する）、(D)はrelax the tension（緊張をほぐす）、relax in your efforts（息抜きをする）のように用いる必須語。

8. 〈正解〉 **(D)** shed 〈950レベル〉
〈訳〉 技術的に進んだ工場では、自動化システムを導入することで、肉体労働者の解雇が避けられない。
〈ポイント〉 文脈から「解雇する」という意味のshedが正解。(A)はrefuse to budge（てこでも動かない）、(B)はcurtail spending（支出を節減する）、(C)はextol his deeds（彼の行為を称賛する）、(D)はshed tears（涙を流す）、

第6章　多義語問題大特訓　227

shed their leaves（葉を落とす）のように用いる必須語。

9. 〈正解〉 **(C)** practice 〈860レベル〉

〈訳〉 この州では、開業医の資格を持つような医療提供者だけが、入院患者と通院患者の両方に対する医療活動を行うことができる。

〈ポイント〉 文脈から「営む」という意味の practice が正解。(A) は qualify for insurance（保険の受給資格がある）、(B) は circulate a memo（メモを回覧する）、(C) は practice law（弁護士を開業する）、practice Christianity（キリスト教の教えを実践する）、(D) は command high prices（高値で売れる）、a command of English（英語運用力）のように用いる必須語。

10. 〈正解〉 **(A)** admitted 〈860レベル〉

〈訳〉 病院から病院へとたらい回しにされた末に、シェリーはアパートからとても離れた診療所に入院した。

〈ポイント〉 文脈から「認める」という意味の admitted が正解。(A) は admit 80 people（80人収容できる）、be admitted to the university（その大学に受かる）、(B) は report to the police（警察へ届ける）、report a trial（公判を記録する）、(C) は induce her to change（彼女に変わるよう勧める）、(D) は condemn the building（ビルを廃棄処分にする）、be condemned to death penalty（死刑を宣告される）のように用いる必須語。

★TOEIC 満点 Get! 紛らわしい語クイズ（形容詞）にチャレンジ！④★

適切な形容詞はどちらでしょう？
1. (succeeding / successive) days（連日）
2. (confident / confidential) document（秘密文書）
3. (educated / educational) speech（教養のある話し方）
4. (qualified / qualifying) test（資格試験）
5. (neglectful / negligible) impact（わずかな影響）
6. (stimulating / stimulant) experience（刺激的な経験）
7. (personnel / personal) department（人事部）
8. on (alternate / alternative) days（1日おきに）
9. (dependable / dependent) allowance（扶養家族手当）
10. (intensive / intense) care unit（集中治療室）

|解答| 1. successive　2. confidential　3. educated　4. qualifying　5. negligible　6. stimulating　7. personnel　8. alternate　9. dependent　10. intensive

|重要フレーズ| 1. succeeding year（翌年）/ successive change（連続する変化）　2. confident look（自信に満ちた表情）/ confidential information（機密情報）　3. educated guess（経験に基づく推測）/ educational material（教材）　4. qualified lawyer（資格のある弁護士）/ qualifying standard（合格基準）　5. neglectful treatment（怠慢な取り扱い）/ negligible mistake（無視できるほどの間違い）　6. stimulating work（刺激的な仕事）/ appetite stimulant（食欲促進剤）　7. personnel director（人事部長）/ personal belongings（所持品）　8. in alternate shifts（交互に）/ alternative medicine（代替医療）　9. dependable quality（信頼できる品質）/ dependent personality（依存的な性格）　10. intensive program（集中プログラム）/ intense discussion（激しい討論）

多義語動詞超難問大特訓⑤

制限時間3分

1. The enterprising researcher, with an unquenchable thirst for knowledge, doesn't rest on his laurels but always ------- on challenges and inspires his colleagues.
   (A) thrives　(B) expands　(C) imposes　(D) deliberates

2. ABC, a leading communications company, announced its plan to ------- new products in the United States prior to the launch in Japan.
   (A) procrastinate　(B) unveil　(C) streamline　(D) procure

3. According to the stipulation, the subsequent breach of contract on the part of an employee will allow the employer to ------- the contract irrespective of the expiry date.
   (A) unfold　(B) redress　(C) collate　(D) terminate

4. The two-seat sports car allegedly failed to ------- a curve and crashed into the guardrail, claiming the lives of both passengers.
   (A) surface　(B) negotiate　(C) process　(D) survive

5. Proofreading generally entails an analytical mind and a critical reading of a text, both of which help to ------- an error, if any.
   (A) spot　(B) net　(C) land　(D) bill

6. A majority of shoppers today tend to utilize e-commerce and buy online instead of taking the trouble to ------- their money for shopping at retail outlets.
   (A) insulate　(B) withdraw　(C) dispense　(D) produce

7. When most of the Asian laborers ------- a respiratory disease through the dust-laden air in the plant, the superintendent ordered the discontinuation of factory operation.
(A) embraced   (B) arrested   (C) diagnosed   (D) contracted

8. The irate customer ------- the payment under the pretext that the ordered peripheral equipment inadvertently came with some missing parts.
(A) deferred   (B) missed   (C) refunded   (D) delivered

9. Several law firms have ------- programs that allow law students to work for a part of the summer with the firm.
(A) abbreviated   (B) fabricated   (C) made   (D) instituted

10. In case of my absence, I would like you to ------- the letter to the Smiths, who are my close relatives.
(A) replace   (B) arrange   (C) deal   (D) forward

解答 & 解説

1. 〈正解〉 **(A)** thrives　〈950レベル〉
〈訳〉　その積極的な研究員は、飽くなき知識欲を持って、現状に満足せず常に挑戦することを生きがいとし、同僚に刺激を与えている。
〈ポイント〉　文脈から「(人が敬遠することを) 楽しむ」という意味の thrives が正解。(A) は thrive in the shade (日陰でよく成長する)、thrive on pressure (プレッシャーを糧にする)、(B) は expand on the idea (その考えを詳述する)、(C) は impose a heavy tax on him (彼に重税を課す)、(D) は deliberate on the matter (問題を審議する) のように用いる必須語。

2. 〈正解〉 **(B)** unveil　〈900レベル〉
〈訳〉　大手通信会社の ABC 社は、日本での発売に先立って、新商品をアメリカで公表する計画を表明した。

〈ポイント〉　文脈から「公表する」という意味の unveil が正解。(A) は procrastinate doing his homework（宿題をぐずぐず先延ばしにする）、(B) は unveil the statue（像の除幕式を行う）、unveil the mystery（謎を明かす）、(C) は streamline business operations（経営を合理化する）、(D) は procure the materials（材料を調達する）のように用いる必須語。

3.〈正解〉(D) terminate　〈860レベル〉
〈訳〉　その契約規定によると、従業員側の続発的な契約違反があれば、満期にかかわらず、契約の解除を強いられる可能性もあるだろう。
〈ポイント〉　文脈から「打ち切る」という意味の terminate が正解。(A) は unfold a map（地図を広げる）、(B) は redress the balance（貿易均衡を取り戻す）、(C) は collate information（情報を照合する）、(D) は terminate the search（捜索を打ち切る）のように用いる必須語。

4.〈正解〉(B) negotiate　〈950レベル〉
〈訳〉　その2人乗りのスポーツカーは、カーブを曲がりきれずガードレールに衝突し、乗客は2人とも死亡したとされている。
〈ポイント〉　文脈から「うまく通り抜ける」という意味の negotiate が正解。(A) は surface the road（道路を舗装する）、surface quickly（急浮上する）、(B) は negotiate a contract（契約交渉する）、negotiate the check（小切手を換金する）、(C) は process raw materials（原材料を加工処理する）、(D) は survive the attack（攻撃から生き延びる）のように用いる必須語。

5.〈正解〉(A) spot　〈900レベル〉
〈訳〉　校正は一般的に、分析的思考とテキストの批判的読解を伴うが、どちらの行為も誤りを見つけることに役立つ。
〈ポイント〉　文脈から「発見する」という意味の spot が正解。(A) は spot a lie（うそを見抜く）、(B) は net profits（純益を上げ

る)、net criminals（犯人を捕まえる）、(C) は land the cargo（荷物を陸揚げする）、land a deal（契約を獲得する）、(D) は be billed for the supplies（商品の代金を請求される）のように用いる必須語。

6. 〈正解〉 (B) withdraw 〈950レベル〉
〈訳〉 今日、買い物客の大半は、わざわざ貯金を下ろして小売店に買い物に行くのではなく、電子商取引を利用してネット上で買い物をする傾向がある。
〈ポイント〉 文脈から「引き出す」という意味の withdraw が正解。(A) は insulate walls（壁を断熱する）、(B) は withdraw into himself（引きこもる）、withdraw from school（学校をやめる）、(C) は dispense information（情報を配信する）、dispense a prescription（処方箋を調剤する）、(D) は produce a ticket（切符を出して見せる）のように用いる必須語。

7. 〈正解〉 (D) contracted 〈900レベル〉
〈訳〉 そのほとんどのアジア人労働者が、工場でほこりまみれの空気を吸いながら呼吸器系の病気にかかると、工場長は営業の中止を命じた。
〈ポイント〉 文脈から「病気にかかる」という意味の contracted が正解。(A) は embrace different aspects（さまざまな側面を含む）、(B) は arrest the disease（病気の進行を抑える）、(C) は diagnose the cause（原因を診断する）、(D) は contract a muscle（筋肉を収縮させる）、contract with the company（会社と契約を結ぶ）のように用いる必須語。

8. 〈正解〉 (A) deferred 〈950レベル〉
〈訳〉 その怒った顧客は、注文したコンピュータの周辺機器に、不注意にも欠品があったという口実で、支払いを遅らせた。
〈ポイント〉 文脈から「遅らせる」という意味の deferred が正解。(A)

は defer a decision（決定を見送る）、defer to your judgment（意見に従う）、(B) は miss my family（家族がいなくて寂しく思う）、(C) は refund the tax（税金を還付する）、(D) は deliver a lecture（講義を行う）、deliver on his promises（約束を果たす）のように用いる必須語。

9. 〈正解〉 **(D)** instituted 〈950レベル〉
〈訳〉 いくつかの法律事務所は、学生が夏のある時期に事務所で働ける制度を始めた。
〈ポイント〉 (D) は「規則や制度」を作ったり、「調査・訴訟」を始めるときに用いる。(B) は、「プレハブ」住宅でお馴染だが、「でっちあげる」など否定的に使われる場合が多い。

10. 〈正解〉 **(D)** forward 〈860レベル〉
〈訳〉 私が不在の場合は、その手紙を私の近親者であるスミス家に転送してください。
〈ポイント〉 文脈から「転送する」という意味の (D) が正解。(A) は replace him as president（社長として彼の跡を継ぐ）、replace the battery（バッテリーを交換する）、(B) は arrange a date（日取りを決める）、(C) は deal with the financial crisis（金融危機に対処する）、(D) は forward the movement（運動を促進する）のように用いる必須語。

★TOEIC 満点 Get! 紛らわしい語クイズ(名詞)にチャレンジ!⑤★

適切な名詞はどちらでしょう？
1. (product / produce) warranty （製品保証）
2. low (attendant / attendance) （低い出席率）
3. (occupant / occupancy) rate （居住率）
4. final (remains / reminder) （最終確認）
5. (explosive / explosion) material （爆発物）
6. construction (permission / permit) （建設許可証）
7. business (suspense / suspension) （営業停止）
8. financial (commission / commitment) （財政的責務）
9. a detailed (exposure / exposition) （詳細な説明）
10. (action / act) for damages （損害賠償請求訴訟）

解答 1. product 2. attendance 3. occupancy
4. reminder 5. explosive 6. permit 7. suspension
8. commitment 9. exposition 10. action

重要フレーズ 1. product brochure（製品カタログ）/ organic produce（無農薬野菜） 2. elevator attendant（エレベーター係員）/ attendance rate（出席率） 3. building occupant（建物入居者）/ occupancy date（入居日） 4. remains of the dinner（夕食の残り）/ collection reminder（支払督促状） 5. plastic explosive（プラスチック爆弾）/ population explosion（人口の爆発的な増加） 6. prior permission（事前許可）/ parking permit（駐車許可証） 7. suspense account（未払い勘定）/ suspension bridge（つり橋） 8. sales commission（売り上げ手数料）/ firm commitment（固い決意） 9. exposure to pollutant（汚染物質にさらされること）/ digital-products exposition（デジタル製品の展示会） 10. action for divorce（離婚訴訟）/ Act for Recycling of Specified Kinds of Home Appliances（家電リサイクル法）

多義語動詞超難問大特訓⑥

1. Nowadays many newly employed workers are often criticized for ------- on the job and are labeled as deadweight on the company payroll.
   (A) looming   (B) lingering   (C) floating   (D) bringing

2. Lax web security becomes a hotbed for some computer nerds who perpetrate a crime of getting unauthorized access to the Internet and ------- stock prices.
   (A) manipulating   (B) alleviating
   (C) eliminating   (D) appraising

3. Inexperienced instructors need to ------- enough time to improve their teaching skills, while continuing to teach students, if they want to acquire professional expertise at all.
   (A) allow   (B) deduct   (C) frame   (D) draw

4. There are legal cases where hospitals and surgeons ------- responsibility to nurses to escape liability for death and personal injury during operations.
   (A) delegate   (B) undergo   (C) speculate   (D) commute

5. The highly competitive foreign-affiliated company is notorious for a stringent interview process and rigorous ------- of job applicants.
   (A) gathering   (B) frustrating
   (C) discharging   (D) screening

6. Not until the aircraft had electronic glitches did the mechanics in charge of its maintenance perform operational checks to ------- the source of the trouble.
   (A) break   (B) locate   (C) level   (D) brew

7. Platonic Athenaeum situated in the center of the city ------- a library including an unprecedented number of rare books, magazines, and original manuscripts.
   (A) trusts   (B) houses   (C) graces   (D) hooks

8. The sedentary lifestyle of modern people has caused visual dysfunction like dry eye syndrome, which needs to be treated by ------- eye lotion.
   (A) applying   (B) attaching   (C) adhering   (D) adopting

9. In the hope of traveling off the beaten path and encountering unexpected events, the adventurous party took their route without ------- a guidebook.
   (A) assuring   (B) striking   (C) exploiting   (D) consulting

10. The overall evaluation of the teachers who arrive late for class, allow students to engage in frivolous chatter, and ------- classes early, is certain to be rather poor.
    (A) dismiss   (B) dismantle   (C) detain   (D) dislocate

解答&解説

1. 〈正解〉 **(B)** lingering 〈900レベル〉
〈訳〉 今日、多くの新入社員は、だらだらと仕事をすることでよく非難され、給料泥棒というレッテルを貼られている。
〈ポイント〉 文脈から「だらだら過ごす」という意味の lingering が正解。(A) は loom over their head（頭の上にのしかかる）、(B) は linger on the market（市場に売れ残る）、(C) は float a bond issue（証券を発行する）、float the

idea（考えを提案する）、(D) は bring a charge against her（彼女を告訴する）のように用いる必須語。

2. 〈正解〉 **(A)** manipulating 〈860レベル〉
〈訳〉 ウェブ上のずさんなセキュリティーが、ネットへの不正アクセスで株価を操作する犯罪を犯すコンピュータ狂を生み出している。
〈ポイント〉 文脈から「不正に操作する」という意味の manipulating が正解。(A) は manipulate the device（装置を巧みに扱う）、genetically-manipulated food（遺伝子組み換え食品）、(B) は alleviate the burden（負担を軽減する）、(C) は eliminate trade barriers（貿易障壁を取り除く）、(D) は appraise the property（財産を査定する）のように用いる必須語。

3. 〈正解〉 **(A)** allow 〈730レベル〉
〈訳〉 経験が浅い指導者は、専門知識を習得したいなら、学生に教え続けながら指導技術を高めるための時間を十分にとる必要がある。
〈ポイント〉 文脈から「割り当てる」という意味の allow が正解。(A) は allow credit（つけで売る）、allow a request（要求を認める）、(B) は deduct income tax（所得税を天引きする）、(C) は frame the person（人をはめる）、frame the plan（計画を練る）、(D) は draw tears（涙を誘う）、draw a bill（手形を振り出す）のように用いる必須語。

4. 〈正解〉 **(A)** delegate 〈900レベル〉
〈訳〉 病院や外科医が、手術中の死亡や身体の障害の責任から逃れるために、看護師にその責任を委譲するという訴訟事例がある。
〈ポイント〉 文脈から「委譲する」という意味の delegate が正解。(A) は be delegated to the conference（会議に代表として派遣される）、(B) は undergo the operation（手術を経験する）、(C) は speculate on the result（結果について熟考する）、speculate in stocks（株に投機する）、(D) は commute the sentence（刑を軽くする）のように用

いる必須語。

5. 〈正解〉 **(D)** screening 〈900レベル〉
〈訳〉 その非常に競争率の高い外資系の会社は、厳しい面接の流れと志願者を厳格に選抜することで知られている。
〈ポイント〉 文脈から「選抜する」という意味の screening が正解。(A) は gather momentum（弾みがつく）、(B) は frustrate their parents（両親を失望させる）、(C) は discharge my duties（職務を果たす）、discharge an employee（従業員を解雇する）、(D) は screen the room（部屋を仕切る、調べる）、be screened on television（テレビ放映される）のように用いる必須語。

6. 〈正解〉 **(B)** locate 〈730レベル〉
〈訳〉 その航空機に、電気系統の故障が生じて初めて、メンテナンス担当の整備士たちは、問題の原因を突き止めるために作動点検を行った。
〈ポイント〉 文脈から「見つける」という意味の locate が正解。(A) は break a strike（ストを終わらせる）、break the news to you（ニュースを知らせる）、(B) は be located in the center of town（都心部に位置する）、(C) は level a building（建物を取り壊す）、level a charge（告発する）、(D) は brew beer（ビールを醸造する）のように用いる必須語。

7. 〈正解〉 **(B)** houses 〈860レベル〉
〈訳〉 町の中心に位置する Platonic Athenaeum は、前例がないほど多くの珍しい本や雑誌や原文の著作物を含めた図書を所蔵している。
〈ポイント〉 文脈から「保管する」という意味の houses が正解。(A) は trust him with money（彼にお金を預ける）、trust to luck（運を天に任せる）、(B) は house flood victims（洪水の被害者に住宅を与える）、(C) は grace the event

（行事に臨席する）、grace the covers（表紙を飾る）、(D) は be hooked on the Internet（インターネットに夢中になる）のように用いる必須語。

8. 〈正解〉 (A) applying 〈860レベル〉
〈訳〉 現代人のデスクワーク中心の生活様式は、目薬をさして対処しなければならないドライアイ症候群のような視覚障害を引き起こした。
〈ポイント〉 文脈から「（化粧品など）を塗布する、（目薬）をさす」という意味の applying が正解。(A) は apply to this case（この場合にあてはまる）、apply excessive force（過度の力を加える）、(B) は an attached file（添付ファイル）、(C) は adhere to the rules（規則に固執する）、(D) は adopt a resolution（決議する）、adopt foster children（里子を養子にする）のように用いる必須語。

9. 〈正解〉 (D) consulting 〈800レベル〉
〈訳〉 前人未到の道を歩き、予想外の出来事に遭遇する期待を抱いて、その冒険心ある一行は、旅行ガイドに頼らずに旅をした。
〈ポイント〉 文脈から「参考にする」という意味の consulting が正解。(A) は assure you of the fact（事実を確信させる）、(B) は strike oil（石油を掘り当てる）、strike an average（平均を出す）、(C) は exploit the resources（資源を開発する）、(D) は consult an expert（専門家に助言を求める）、consult with colleagues（同僚と相談する）のように用いる必須語。

10. 〈正解〉 (A) dismiss 〈860レベル〉
〈訳〉 授業に遅れ、学生におしゃべりをさせ、早めに授業を終える教師の全体的な評価は、確実にかなり低い。
〈ポイント〉 文脈から「解散させる」という意味の dismiss が正解。(A) は dismiss the charges（告発を解除する）、dismiss my proposal（提案を退ける）、(B) は dismantle trade

barriers（貿易障壁を撤廃する）、(C) は be detained by police（警察に拘留される）、(D) は dislocate my shoulder（肩を脱臼する）のように用いる必須語。

★ TOEIC 満点 Get! 必須語根 最重要ランク1位★

語根の知識は語彙力 UP に不可欠！ それを語呂合わせで一気に覚えていただきましょう。

★ duct, duc(e) －コンダクター (conductor) が「導く」(= lead)「誘惑する」

- □ seduce － se (分離) + duce (導く) →誘惑する、魅惑する
- □ induce － in (中へ) + duce (導く) →誘発する
- □ deduct － de (下に) + duct (導く) →控除する、差し引く
- □ subdue － sub (下に) + due (導く) →鎮圧する、抑制する

★ tract は「引っ張る」－トラクター (tractor) で「引っ張る」「減ずる」「そらす」

- □ retract － re (元へ) + tract (引っ張る) →引っ込める、撤回する
- □ protract － pro (前へ) + tract (引っ張る) →引き延ばす
- □ extract － ex (外へ) + tract (引っ張る) →引き出す、抜粋する
- □ subtract － sub (下に) + tract (引っ張る) →引く、減じる
- □ distract － dis (分離) + tract (引っ張る) →そらす、気晴らしさせる

★ ven(t), veni は「来る」－イベント (event) が「やって来る」(= come)

- □ convene － con (共に) + vene (来る) →召集する、召喚する
- □ intervene － inter (中に) + vene (来る) →干渉する、介在する
- □ revenue － re (元へ) + vene (来る) →歳入、収入 (源)
- □ venue － ven (来る) →開催地、会合場所

★ sume, sump は「使う」「買う」「取る」

- □ assume － as (～の方へ) + sume (取る) → (役目を) 引き受ける
- □ presume － pre (あらかじめ) + sume (取る) →仮定する、推定する
- □ resume － re (再び) + sume (取る) →再開する

多義語動詞超難問大特訓⑦

1. ------- a gift means showing respect for the time and effort spent in making discriminating choices to suit your fancy.
   (A) Communicating　(B) Enclosing
   (C) Acknowledging　(D) Responding

2. Many working parents actually feel that it is reassuring for either parent to run their family than for both to ------- career and family.
   (A) juggle　(B) reserve　(C) withstand　(D) stick

3. After the time of their retirement, the couple often went abroad and enjoyed their golden years to their hearts' content, ------- neither time nor expense.
   (A) sparing　(B) covering　(C) hailing　(D) curbing

4. Consumers are prone to respond positively to a commercial advertisement that has been made sensuously appealing even by ------- the truth.
   (A) minimizing　(B) stretching　(C) declaring　(D) breeding

5. One of the executives' abrupt refusal to join the company's 50th anniversary celebration ------- their relationship by anyone's standards.
   (A) denoted　(B) strained　(C) misplaced　(D) contaminated

6. The writer-turned-politician sold articles to adult magazines as a publicity stunt, thus ------- his reputation as a very promising politician.
   (A) proclaiming　(B) smoothing
   (C) rejuvenating　(D) compromising

第6章 多義語問題大特訓　243

7. The company will offer its employees flexible working hours and arrangements in order to ------- their changeable working schedules.
   (A) translate　(B) digest　(C) accommodate　(D) upset

8. Appalled by the devastating conditions of the earthquake-ravaged area, the newly inaugurated president ------- the urgent need for the restoration of the infrastructure.
   (A) dissolved　(B) updated　(C) addressed　(D) pocketed

9. The movie starring Gloria enjoyed much higher ratings than originally expected, so the TV station decided to ------- the film again.
   (A) bear　(B) jam　(C) date　(D) air

10. Good peer pressure at work can turn even non-compliant employees into compliant workers who ------- the rules intended to boost morale and improve ethics.
    (A) abrogate　(B) uproot　(C) pretend　(D) observe

解答&解説

1. 〈正解〉 **(C)** Acknowledging　〈950レベル〉
   〈訳〉 贈り物が届いたとお礼を言うのは、自分の好みに合うように、時間と労力をかけて選り好みをしてくれたことに対する敬意の気持ちである。
   〈ポイント〉 文脈から「お礼を言う」という意味の Acknowledging が正解。(A) は communicate with the room（部屋に通じる）、(B) は enclose a copy of the invoice（請求書のコピーを同封する）、(C) は acknowledge his failure（過失を認める）、acknowledge the cheers（喝采に応える）、(D) は respond to the questionnaires（アンケートに答える）のように用いる必須語。

2. 〈正解〉 **(A)** juggle 〈950レベル〉

〈訳〉 多くの働く親たちは、仕事と家庭を両立させるよりも、一方が家事を切り盛りした方が安心だと実感している。

〈ポイント〉 文脈から「うまく調整する」という意味の juggle が正解。(A) は juggle the books（帳簿をごまかす）、juggle time（時間をうまく使う）、(B) は reserve judgment（判断を差し控える）、(C) は withstand the test of time（時の試練に耐える）、(D) は get stuck in the snow（雪中で立ち往生する）、stick to one topic（1つのトピックからそれない）のように用いる必須語。

3. 〈正解〉 **(A)** sparing 〈900レベル〉

〈訳〉 そのカップルは、退職後、金と暇に飽かせて、しばしば海外へ行き心行くまで老後を満喫した。

〈ポイント〉 文脈から「出し惜しむ」という意味の sparing が正解。(A) は spare me the trouble（手間を省く）、spare his life（命を助ける）、(B) は The report covers noise pollution.（レポートは騒音公害を扱っている）、(C) は hail a taxi（タクシーを止める）、be hailed as a success（成功として認められる）、(D) は curb CO_2 emissions（二酸化炭素排出量を抑える）のように用いる必須語。

4. 〈正解〉 **(B)** stretching 〈950レベル〉

〈訳〉 消費者たちは、事実を誇張してまで気持ちがよくなるように作られたコマーシャルに、よい反応を示す傾向がある。

〈ポイント〉 文脈から「拡大解釈する」という意味の stretching が正解。(A) は minimize the risk（リスクを最小限に抑える）、(B) は stretch his mind（知性を伸ばす）、stretch the budget（予算をやりくりする）、(C) は declare income tax（所得税の申告をする）、(D) は breed violence（暴力を生み出す）のように用いる必須語。

5. 〈正解〉 **(B)** strained 〈950レベル〉

第6章　多義語問題大特訓　245

〈訳〉　役員の1人が、会社創立50周年記念式典の参加を突然拒んだことで、両者の関係は誰から見てもこじれてしまった。
〈ポイント〉　文脈から「(関係)をこじらす」という意味のstrainedが正解。(A)はdenote the direction（方角を示す）、(B)はstrain the tea（お茶をこす）、strain the budget（予算を圧迫する）、(C)はmisplace a comma（コンマをつける場所を間違える）、(D)はcontaminate his mind（心に悪影響を及ぼす）のように用いる必須語。

6. 〈正解〉　(D) compromising　〈950レベル〉
〈訳〉　その元作家の政治家は、売名行為として、低俗な雑誌に記事を書き、前途有望な政治家という自分の評判を落とした。
〈ポイント〉　文脈から「落としめる」という意味のcompromisingが正解。(A)はself-proclaimed ruler（自称指導者）、(B)はsmooth out edges（先端を整える）、(C)はrejuvenate his career（キャリアを取り戻す）、(D)はcompromise his principles（基本理念を曲げる）、compromise the information（情報を漏らす）のように用いる必須語。

7. 〈正解〉　(C) accommodate　〈900レベル〉
〈訳〉　その会社は、従業員の変わりやすい勤務スケジュールに合わせるため、彼らにフレキシブルな勤務時間と取り決めを提示するだろう。
〈ポイント〉　文脈から「対応する」という意味のaccommodateが正解。(A)はtranslate ideas into action（考えを実行に移す）、be translated to film（映画化される）、(B)はdigest the book（本を要約する）、(C)はaccommodate him with a loan（彼に融資する）、accommodate to the change（変化に順応する）、(D)はupset the government（政府を転覆させる）のように用いる必須語。

8. 〈正解〉　(C) addressed　〈860レベル〉
〈訳〉　地震によって破壊された地域の壊滅状況に愕然として、その就任

したばかりの大統領は、インフラ修復の差し迫った必要性に取り組んだ。

〈ポイント〉 文脈から「取り組む」という意味の **addressed** が正解。(A) は dissolve Parliament (議会を解散する)、dissolve into tears (泣き崩れる)、(B) は update the files (ファイルを更新する)、(C) は address the convention (大会で演説する)、address a letter (手紙に宛名を書く)、(D) は pocket 50 dollars (50ドルを着服する)、pocket his pride (自尊心を抑える) のように用いる必須語。

9. 〈正解〉 **(D)** air 〈900レベル〉

〈訳〉 グロリアが主役を務める映画が、当初の予想を上回る高視聴率を得たので、局側はそれをテレビ放映することに決めた。

〈ポイント〉 文脈から「放映する」という意味の **air** が正解。(A) は Our efforts bore fruit. (努力が実った)、bear the pain (苦痛に耐える)、(B) は jam on the brakes (ブレーキを強く踏む)、(C) は date from the 7th century (7世紀から始まっている)、(D) は air out clothes (衣類の虫干しをする)、air their grievances (苦情を述べる) のように用いる必須語。

10. 〈正解〉 **(D)** observe 〈860レベル〉

〈訳〉 職場での良い同僚からのプレッシャーのために、言うことを聞かない従業員でさえ、士気と倫理性を高める方針に従う素直な従業員になることがある。

〈ポイント〉 文脈から「遵守する」という意味の **observe** が正解。(A) は abrogate the agreement (合意を破棄する)、(B) は uproot a tree (木を根こそぎにする)、(C) は pretend ignorance (何食わぬ顔をする)、(D) は observe Christmas (クリスマスを祝う)、observe the phenomenon (現象を観察する) のように用いる必須語。

★ TOEIC 満点 Get! 必須語根 最重要ランク2位 ★

★ cur は「走る、流れ」－ current は流れ（＝ run）
- recurrence － re(再び) + cur(流れ)→再発、戻ること
- excursion － ex(外へ) + cur(走る)→小旅行
- concur － con(共に) + cur(走る)→一致（同意）する、同時に起こる
- curtail － cur(流れ) + tail(切る)→短縮する、抑える
- discourse － dis(分離) + course(走る)→談話（する）、講演（する）

★ fid(e), cred は「信ずる」－財力信じて（confidence）クレジット（credit）買い（＝ trust）
- confidential －秘密の、信用のおける
- creditable －（賞賛に値する、名誉となる） *credulous（信じやすい）と混同しない！
- credential －成績（人物）証明書、委任状
- discredit － dis(否定) + cred(信じる)→疑う、不名誉
- accredit －[通例受身で] 信用される、認可される

★ pel, puls は「追いやる」－プロペラ（propeller）の pel（＝ drive）駆り立てる
- compel － com(完全に) + pel(追いやる)→強いる
- repel － re(元へ) + pel(追いやる)→追い払う、拒絶する
- dispel － dis(除去) + pel(追いやる)→追い散らす、払い去る

多義語動詞超難問大特訓⑧

制限時間3分

1. Chen's Chinese restaurant chains took the plunge and ------- more capital to meet the ever-expanding business requirements.
   (A) verified   (B) chaired   (C) raised   (D) enrolled

2. That small-sized business ------- the challenges and survived when it suffered a crisis of confidence after it was known to have been debt-laden.
   (A) evoked   (B) released   (C) averted   (D) braved

3. Sunny Corporation recently released a multifunctional camera into which the film can simply be ------- by removing the back cover.
   (A) equipped   (B) reflected   (C) loaded   (D) developed

4. Since that company was deluged with defective and recalled products in the last three years, we recommend you to ------- the order for the time being.
   (A) neglect   (B) suspend   (C) dispatch   (D) transfer

5. Margaret's Fine Clothier ------- exclusive merchandise including a wide collection of vintage jeans and T-shirts all at half the usual prices.
   (A) withholds   (B) associates   (C) features   (D) affiliates

6. Using audiovisual equipment, the professor emeritus ------- examples of how the ubiquitous computer has been reshaping our world.
   (A) boarded   (B) cited   (C) printed   (D) hosted

第6章 多義語問題大特訓

7. Organizations that ------- contributions for charitable and philanthropic purposes generally fall into the tax-exempt category.
   (A) list   (B) solicit   (C) recruit   (D) file

8. The advantages of ------- immigrants far outweigh the disadvantages in that they are instrumental in making multicultural the country they have settled in.
   (A) disseminating   (B) smuggling
   (C) assimilating   (D) identifying

9. In landing a big account with a client, you must ------- your statement to the subject and leave no questions unanswered to avoid further trouble in the future.
   (A) dictate   (B) assort   (C) confine   (D) channel

10. The CEO of the ailing company mentioned financial difficulties and the need for downsizing, suggesting that some of the employees ------- the request of forced resignation.
    (A) grant   (B) align   (C) resume   (D) adjourn

解答&解説

1. 〈正解〉 (C) raised 〈730レベル〉
   〈訳〉 Chen中華料理店チェーンは、ますます拡大するビジネスの需要を満たすため、思い切ってさらなる資金調達をした。
   〈ポイント〉 文脈から「調達する」という意味の raised が正解。(A) は verify the statement(陳述を実証する)、(B) は chair the meeting(委員会の司会をする)、(C) は raise doubts(疑念を起こす)、The car raised a dust.(車はほこりを立てた)、(D) は enroll in a study(研究に参加する)のように用いる必須語。

2. 〈正解〉 **(D)** braved 〈900レベル〉
〈訳〉 その零細企業は、赤字だったことが知れ渡り信用の危機に見舞われたが、その試練に立ち向かって生き残ることができた。
〈ポイント〉 文脈から「勇敢に立ち向かう」という意味の **braved** が正解。(A) は **evoke memories**（思い出を呼び起こす）、(B) は **release the tension**（緊張を解く）、**be released from the hospital**（退院する）、(C) は **avert the disaster**（大惨事を回避する）、(D) は **brave the elements**（風雨をものともしない）のように用いる必須語。

3. 〈正解〉 **(C)** loaded 〈860レベル〉
〈訳〉 Sunny 社は、裏のカバーをはずすとフィルムが簡単に入る多機能カメラを最近発売した。
〈ポイント〉 文脈から「（フィルムなどを）入れる」という意味の **loaded** が正解。(A) は **be equipped with computers**（コンピュータを備える）、**equip myself**（身支度をする）、(B) は **reflect his opinions**（彼の意見を反映する）、**reflect on the idea**（その考えを熟考する）、(C) は **load the cargo**（貨物を積み込む）、**load a question**（歪曲して質問する）、(D) は **develop a film**（フィルムを現像する）、**develop the illness**（病気にかかる）のように用いる必須語。

4. 〈正解〉 **(B)** suspend 〈860レベル〉
〈訳〉 この3年間、あの会社は不良品と回収品であふれていたので、当面は注文を控えることをお勧めします。
〈ポイント〉 文脈から「見合わせる」という意味の **suspend** が正解。(A) は **neglect his duty**（職務を怠る）、(B) は **suspend the license**（免停にする）、(C) は **dispatch an envoy**（使節を派遣する）、(D) は **transfer to the international division**（国際課に異動になる）、**transfer ownership**（所有権を委譲する）のように用いる必須語。

第6章　多義語問題大特訓　251

5.〈正解〉（**C**）features　〈860レベル〉
〈訳〉　Margaret高級洋服店では、豊富に取り揃えた年代物のジーンズやTシャツといった限定商品が、すべて通常より半額の値段で、目玉として売られている。
〈ポイント〉　文脈から「呼び物にする」という意味のfeaturesが正解。（A）はwithhold her anger（怒りを抑える）、withhold his tax（税金を天引きする）、（B）はassociate the application（アプリケーションを関連づける）、（C）はfeature local artists（地方の芸術家を特集する）、feature a new design（新しいデザインを特徴とする）、（D）はaffiliate with the company（会社と提携する）のように用いる必須語。

6.〈正解〉（**B**）cited　〈860レベル〉
〈訳〉　その名誉教授は、視聴覚機器を利用しながら、ユビキタスコンピュータがどのように私たちの世界を作り変えてきているかの例を挙げた。
〈ポイント〉　文脈から「引用する」という意味のcitedが正解。（A）はboard at his house（彼の家に下宿する）、（B）はcite a report（報告書を引用する）、be cited for speeding（スピード違反で出頭を命じられる）、（C）はprint a photograph（写真を焼きつける）、（D）はhost the conference（会議を主催する）のように用いる必須語。

7.〈正解〉（**B**）solicit　〈950レベル〉
〈訳〉　慈善、もしくは博愛の目的で募金を集める団体は、一般的に非課税グループに分けられる。
〈ポイント〉　文脈から「懇請する」という意味のsolicitが正解。（A）はbe listed on the New York Stock Exchange（ニューヨーク証券取引所に上場している）、list to starboard（右舷に傾く）、（B）はsolicit his advice（彼の助言を求める）、（C）はrecruit qualified personnel（有能な人材を募集する）、（D）はfile a suit（訴訟を起こす）のように用いる必須語。

8. 〈正解〉 **(C)** assimilating 〈860レベル〉
〈訳〉 移民を順応させることのメリットは、定住先の国を多文化的にする役目を果たすという点で、デメリットを大きく上回る。
〈ポイント〉 文脈から「適応させる」という意味の assimilating が正解。(A) は disseminate information（情報を普及させる）、(B) は smuggle nuclear weapons（核兵器を密輸する）、(C) は assimilate knowledge（知識を吸収する）、assimilate into society（社会に溶け込む）、(D) は identify with the hero（主人公になりきる）のように用いる必須語。

9. 〈正解〉 **(C)** confine 〈800レベル〉
〈訳〉 クライアントと大口の取引を獲得する際には、後のトラブルを避けるために、発言を本題からそらさず、質問にはすべて答えておくことが必要である。
〈ポイント〉 文脈から「限定する」という意味の confine が正解。(A) は dictate a letter（手紙を書き取らせる）、dictate her behavior（彼女の行動に影響を与える）、(B) は assorted fruits（フルーツの盛り合わせ）、(C) は be confined in jail（投獄される）、(D) は channel funds（資金をつぎ込む）のように用いる必須語。

10. 〈正解〉 **(A)** grant 〈900レベル〉
〈訳〉 その不況にあえぐ会社の CEO は、財政難と企業縮小の必要性に言及し、一部の従業員は強制退職の要求に応じるようにと提案した。
〈ポイント〉 文脈から「聞き入れる」という意味の grant が正解。(A) は grant amnesty to illegal immigrants（不法移民に恩赦を行う）、grant an annuity（年金を給付する）、(B) は align with him（彼と手を組む）、(C) は resume my study（勉強を再開する）、(D) は adjourn the court（休廷する）のように用いる必須語。

★ TOEIC 満点 Get! 必須語根 最重要ランク3位 ★

★ scribe, script, graph は「書く」－スクリプト (script) グラフ (graph) を書く、記す

- □ prescribe － pre(前に) + scribe(書く)→規定する、指図する、処方する
- □ subscribe － sub(下に) + scribe(書く)→予約購読する
- □ ascribe － a(～の方へ) + scribe(書く)→～のせいにする
- □ transcribe － trans(越えて) + scribe(書く)→書き写す

★ vert[vers]は「回る」－オートリバース(reverse)でテープ回る

- □ adverse － ad(～の方へ) + verse(回る)→逆の、反対の、不都合な
- □ divert － di(分離) + vert(回る)→(気を)そらす
- □ convert － con(共に) + vert(向きを変える)→変える、変わる、回収する
- □ invert － in(～の方へ) + vert(向きを変える)→ひっくり返す
- □ avert － a(逆に) + vert(向きを変える)→避ける、そむける
- □ versatile －才能が vers(回った)→多才の、多芸の、多目的の

★ mit は「送る」「投げる」－ミットに球を投げる

- □ emit － e(外へ) + mit(送る)→(光・においを)放つ、(紙幣を)発行する
- □ intermittent － inter(間に) + mit(送る)→断続的な
- □ remit － re(元の所へ) + mit(送る)→(金銭を)送る
- □ submit － sub(下に) + mit(送る)→服従させる、(案などを)提出する
- □ transmit － trans(向こうへ) + mit(送る)→送る、伝達する、伝染させる

★ loc は「場所」－ロケーションは場所

- □ allocate － al(～に) + loc(場所)→割り当てる、配置する
- □ dislocate － dis(分離) + loc(場所)→～の位置を変える、脱臼させる、狂わせる
- □ relocate － re(再び) + loc(場所)→再び配置する、移転する［させる］

多義語動詞超難問大特訓⑨

制限時間3分

1. The mayor ------- a policy of inclusion that enabled academically disqualified students to attend neighborhood schools.
   (A) renovated   (B) summoned
   (C) apprehended   (D) employed

2. The conventional high-definition flat-panel televisions have ------- the market and ushered in the next generation of the three-dimensional types.
   (A) abounded   (B) flooded   (C) clashed   (D) derailed

3. Greenhouse gasses such as carbon dioxide ------- heat in the atmosphere, thus contributing to global warming and glacier melting.
   (A) survive   (B) trap   (C) match   (D) dilute

4. The bonds issued by ELC Ltd. ------- in 15 years and have an annual coupon rate that remains unchanged throughout the life of the bond.
   (A) barter   (B) repeal   (C) desist   (D) mature

5. We are proud to announce that our newly constructed resort on the coast of Lake Superior will ------- to the high-end market in the tourism industry.
   (A) cater   (B) bank   (C) yield   (D) lean

6. Faced with a management problem, it is crucial for the company to ------- it from a different angle and make an objective assessment of the status quo.
   (A) charge   (B) approach   (C) drain   (D) envision

第6章 多義語問題大特訓

7. The world's oil-producing nations would do far better to ------- the oil embargo and serve as a catalyst for a reconciliation.
(A) pass (B) blow (C) pick (D) lift

8. Those who ------- the exam held last week are required to retake it and get a score of 65 or higher by the end of the semester.
(A) converted (B) flunked (C) disposed (D) spawned

9. Focusing on how quickly children ------- their clothes, Julia launched her own firm, which simultaneously carried out the process of recall, patch-up, and resale.
(A) outgrow (B) outsmart (C) outweigh (D) outmode

10. The work of an ombudsman is to serve as an intermediary between the company and its customers by ------- their claims and settling disputes efficiently.
(A) processing (B) disowning
(C) calibrating (D) deriding

解答&解説

1. 〈正解〉 **(D)** employed 〈860レベル〉
〈訳〉 その市長は、教育上の資格を失った学生に近隣の学校へ通わせる包括的政策を採用した。
〈ポイント〉 文脈から「採用する」という意味の **employed** が正解。(A) は **renovate a building**（ビルを改装する）、(B) は **summon a witness**（証人を召喚する）、(C) は **apprehend a criminal**（犯罪者を逮捕する）、**apprehend the meaning**（その意味を理解する）、(D) は **employ foreigners**（外国人を採用する）、**employ himself in the service**（奉仕に専念する）のように用いる必須語。

2. 〈正解〉 **(B)** flooded 〈800レベル〉
〈訳〉 従来のハイビジョン液晶テレビが市場にあふれ、次世代の3次元型テレビの到来につながった。
〈ポイント〉 文脈から「あふれる」という意味の flooded が正解。(A) は abound in natural resources (天然資源が豊富にある)、(B) は flood the town (町を浸水させる)、a flood of fan letters (ファンレターの殺到)、(C) は the colors clashed (色が合わない)、(D) は a derailed train (脱線列車) のように用いる必須語。

3. 〈正解〉 **(B)** trap 〈900レベル〉
〈訳〉 二酸化炭素のような温室効果ガスは、空気中に熱をため、地球温暖化や氷河の融解につながっている。
〈ポイント〉 文脈から「閉じ込める」という意味の trap が正解。(A) は survive the recession (不況を切り抜ける)、(B) は trap him into marriage (彼を罠にはめて結婚させる)、(C) は match the description (説明と合う)、(D) は dilute acids (酸を薄める) のように用いる必須語。

4. 〈正解〉 **(D)** mature 〈860レベル〉
〈訳〉 ELC 社が発行する公債は、15年で満期になり、毎年の債権の利率は絶えず一定である。
〈ポイント〉 文脈から「満期になる」という意味の mature が正解。(A) は barter with doctors (医師とバーター取引をする)、(B) は repeal the measure (法案を撤廃する)、(C) は desist from attacking (攻撃をやめる)、(D) は mature as a person (人間として成長する)、mature for his age (年の割にしっかりしている) のように用いる必須語。

5. 〈正解〉 **(A)** cater 〈860レベル〉
〈訳〉 スペリオル湖沿岸部に新たに建設された当社のリゾート地は、観光業における高所得者層の市場の需要を満たすだろう。
〈ポイント〉 文脈から「満たす」という意味の cater が正解。(A) は cater

for a party（パーティーの仕出しをする）、(B) は bank a check（小切手を銀行に預ける）、bank to the right（右へ傾ける）、(C) は yield fruit（成果が実る）、yield to the power（権力に屈する）、(D) は lean on his arms（彼の腕にすがる）のように用いる必須語。

6. 〈正解〉 (B) approach 〈860レベル〉
〈訳〉 会社が経営上の問題に直面したとき、別の側面からそれに取り組み、現状を客観的に判断することが極めて重要である。
〈ポイント〉 文脈から「着手する」という意味の approach が正解。(A) は be charged with a crime（罪で告訴される）、emotionally charged issue（感情をかきたてる問題）、(B) は approach him with the suggestion（彼に提案を持ちかける）、(C) は drain their resources（資源を枯渇させる）、(D) は envision a future（未来を思い描く）のように用いる必須語。

7. 〈正解〉 (D) lift 〈860レベル〉
〈訳〉 世界の石油産出国が石油貿易を解禁し、利害調整の促進を担うようになればもっとよいだろう。
〈ポイント〉 文脈から「解除する」という意味の lift が正解。(A) は pass judgment on the results（結果に判断を下す）、(B) は blow the line（台詞をとばす）、The fuse has blown.（ヒューズがとんだ）、(C) は pick a lock（錠をこじ開ける）、(D) は lift her spirit（彼女の気分を高揚させる）のように用いる必須語。

8. 〈正解〉 (B) flunked 〈860レベル〉
〈訳〉 先週実施された試験の不合格者は、学期末までに再受験し、65点以上をとる必要があります。
〈ポイント〉 文脈から「試験に落ちる」という意味の flunked が正解。(A) は convert to Christianity（キリスト教に改宗する）、convert heat into electricity（熱を電気に変換する）、(B)

は flunk out of school（退学になる）、(C) は dispose of the assets（資産を処分する）、be disposed to colds（風邪をひきやすい）、(D) は spawn new opportunities（新たな機会を生み出す）のように用いる必須語。

9. 〈正解〉 **(A)** outgrow 〈860レベル〉
〈訳〉 子供はとてもすぐに成長して服が着られなくなることに着眼して、ジュリアは回収、修理、再販をいっせいに行う独自の会社を立ち上げた。
〈ポイント〉 文脈から「体が大きくなって着られなくなる」という意味の outgrow が正解。(A) は outgrow my fear（成長して恐怖を感じなくなる）、outgrow the problem（成長することで問題がなくなる）、(B) は outsmart the system（システムの裏をかく）、(C) は outweigh the benefits（利益を上回る）、(D) は an outmoded way（時代遅れのやり方）のように用いる必須語。

10. 〈正解〉 **(A)** processing 〈900レベル〉
〈訳〉 オンブズマンの仕事は、苦情の処理と紛争の解決を効率的に行うことで、会社と顧客の架け橋としての役割を果たすことである。
〈ポイント〉 文脈から「処理する」という意味の processing が正解。(A) は process raw materials（原料を加工する）、process loan applications（ローン申し込みの処理をする）、(B) は disown their children（子供を勘当する）、(C) は calibrated thermometer（目盛り付き温度計）、(D) は deride his claim（彼からの訴えに取り合わない）のように用いる必須語。

★ TOEIC 満点 Get! 必須語根 最重要ランク4位 ★

★ flex [plex], flect, ply, plic は「曲げる」− flexible は曲げやすい (= bend)

- □ re<u>flex</u> − re(元へ) + flex(曲げる)→反射作用 (能力)
- □ per<u>plex</u> − per(完全に) + plex(曲げる)→当惑させる、悩ます、複雑にする
- □ dup<u>lic</u>ate − du(2つに) + plic(曲げる)→二重の、複製(の)
- □ exp<u>lic</u>it − ex(外へ) + plic(曲げる)→明白な、ずばりの
- □ imp<u>lic</u>ate − im(中へ) + plic(曲げる)→巻き込む、暗示されたもの
- □ com<u>ply</u> − com(完全に) + ply(曲げる)→従う、応じる

★ clude, clus は「閉じる」−ドア閉じて (exclude [= close]) 除外する、妨げる

- □ con<u>clus</u>ive − con(完全に) + clus(閉じる)→決定的な、断固たる
- □ ex<u>clus</u>ive − ex(外へ) + clus(閉じる)→独占的な、高級な
- □ in<u>clus</u>ive − in(中へ) + clus(閉じる)→すべてを含んだ、包括的な

★ gest, port, fer は「運ぶ」−フェリー (ferry) で運ぶ (= carry)

- □ in<u>gest</u> − in(中へ) + gest(運ぶ)→摂取する、飲み込む
- □ con<u>gest</u> − con(共に) + gest(運ぶ)→詰め込む、混雑させる
- □ di<u>gest</u>ion − di(別の所へ) + gest(運ぶ)→消化、消化力
- □ de<u>port</u> − de(分離) + port(運ぶ)→国外に追放する
- □ ex<u>port</u> − ex(外に) + port(運ぶ)→輸出する
- □ im<u>port</u> − im(中に) + port(運ぶ)→輸入する、意味する、重要である
- □ trans<u>port</u> − trans(別の所へ) + port(運ぶ)→運ぶ、輸送する、輸送機関
- □ re<u>port</u> − re(元の所へ) + port(運ぶ)→報告(書)、報道、記事
- □ in<u>fer</u> − in(中へ) + fer(運ぶ)→推論する、暗示する
- □ con<u>fer</u> − con(共に) + fer(運ぶ)→相談する、協議する、与える、授ける
- □ de<u>fer</u> − de(下に) + fer(運ぶ)→従う、譲る

多義語動詞超難問大特訓⑩

制限時間3分

1. A protracted recession in Japan has increased the demand for facilities that ------- benefits to people in lower-income brackets.
   (A) infuse (B) extend (C) scatter (D) transact

2. Had he been properly treated immediately after suffering a relapse, his heart wouldn't have ------- and ceased to function properly.
   (A) severed (B) rattled (C) touched (D) failed

3. The Anti-Flu Medical Center ------- the vaccination throughout the influenza season at its more than fifty affiliated hospitals.
   (A) undermines   (B) establishes
   (C) cultivates   (D) administers

4. ------- questions from the press corps, the shrewd manager seemed to be waiting for the chance to publicize his business.
   (A) Beating (B) Dropping (C) Wearing (D) Fielding

5. During special occasions, some companies tend to ------- their office hours and shift duties to prepare for any contingency and enhance their employees' work efficiency.
   (A) brief (B) compose (C) stagger (D) appeal

6. Mark's boss ruled out the possibility of entrusting him with the representation of a branch, which literally ------- his hope of independence.
   (A) dimmed (B) staked (C) defied (D) nabbed

7. A muckraking journalist ------- her dry with his constant requests for the truth behind the allegations of misconduct in the jury room.
(A) bled　(B) rolled　(C) turned　(D) hung

8. While a storm was ------- outside, those present at the civic auditorium had to reiterate their statements so as to avoid any misunderstandings.
(A) raking　(B) riling　(C) reigning　(D) raging

9. A day rate fixed for each worker was reviewed occasionally, but sometimes managers ------- an increase in the rate.
(A) protected　(B) granted　(C) sentenced　(D) marked

10. The plunge in share prices has ------- speculation that the firm could be vulnerable to a hostile takeover.
(A) hooked　(B) exercised　(C) fueled　(D) defied

解答＆解説

1. 〈正解〉 **(B)** extend　〈900レベル〉
〈訳〉 日本が長期的不況にあったことが、低所得者層の人々へ手当を与える施設への需要を高めている。
〈ポイント〉 文脈から「伸ばす」という意味の extend が正解。(A) は infuse tea leaves（茶を煎じる）、(B) は extend the range of services（サービスの幅を広げる）、extend my thanks（感謝の意を表する）、(C) は be scattered and lost（散逸する）、(D) は transact business with the company（その会社と取引業務を行う）のように用いる必須語。

2. 〈正解〉 **(D)** failed　〈860レベル〉
〈訳〉 再発後すぐに適切な治療を受けていたら、彼の心臓が止まり、機能不全に陥ることはなかっただろう。

〈ポイント〉　文脈から「役に立たなくなる」という意味の failed が正解。(A) は sever their relationship（関係を断つ）、(B) は rattle off answers（答えをすらすらと言う）、get rattled（いらいらする）、(C) は be touched by the story（話に感動する）、be touched by frost（霜でやられる）、(D) は fail the patient（患者を救えない）、The power fails.（停電する）のように用いる必須語。

3.〈正解〉　**(D)** administers　〈950レベル〉
〈訳〉　インフルエンザ対策医学センターは、50を超える提携先の病院で、シーズンの間ずっと予防注射を行っている。
〈ポイント〉　文脈から「施す」という意味の administers が正解。(A) は undermine public confidence（国民の信頼を損なう）、(B) は establish a law（法を制定する）、establish his guilt（有罪を立証する）、(C) は cultivate leadership（指導力を磨く）、(D) は administer the country（国を統治する）、administer punishment（罰を与える）のように用いる必須語。

4.〈正解〉　**(D)** Fielding　〈950レベル〉
〈訳〉　報道陣からの質問をうまくさばきながら、その抜け目ない経営者は、ビジネス宣伝のチャンスを狙っているようだった。
〈ポイント〉　文脈から「うまくさばく」という意味の Fielding が正解。(A) は beat a drum（派手に宣伝する）、beat a record（記録を破る）、(B) は drop a hint（ヒントをにおわす）、(C) は wear a smile（微笑みを浮かべる）、(D) は field a ball（打球をさばく）、field a candidate（候補者を擁立する）のように用いる必須語。

5.〈正解〉　**(C)** stagger　〈950レベル〉
〈訳〉　特別な時期の間、一部の企業は、どんな不測の事態にも備え、仕事能率を高めるために、勤務時間をずらしたり、仕事の入れ替えを行ったりする傾向がある。

〈ポイント〉 文脈から「(勤務時間など)をずらす」という意味のstaggerが正解。(A)はbrief her on the plan（彼女に計画の概要を伝える）、(B)はcompose their differences（論争を調停する）、be composed of 10 members（10人のメンバーから成る）、(C)はstagger the imagination（想像力を刺激する）、be staggered by the news（ニュースにたじろぐ）、(D)はappeal to a higher court（上訴する）のように用いる必須語。

6. 〈正解〉 **(A)** dimmed 〈900レベル〉
〈訳〉 マークの上司は、彼に支店の代表を任す可能性を除外したが、それによってまさに彼の独立の希望が薄れた。
〈ポイント〉 文脈から「薄暗くする（→かすかにさせる）」という意味のdimmedが正解。(A)はbe dimmed with tears（涙で曇っている）、(B)はstake my life（命を賭す）、stake a claim（権利を主張する）、(C)はdefy description（言葉で言い表せない）、defy convention（慣習を破る）、(D)はbe nabbed red-handed（現行犯で逮捕される）のように用いる必須語。

7. 〈正解〉 **(A)** bled 〈950レベル〉
〈訳〉 醜態を暴こうとするジャーナリストが、彼女の陪審室での不祥事疑惑の真相を求めて、骨の髄までしゃぶり尽くした。
〈ポイント〉 文脈から「搾り出す」という意味のbledが正解。(A)はbleed the air（空気を抜く）、bleed my heart（心を痛める）、(B)はroll down the window（車のウィンドウを閉める）、(C)はturn mean（意地悪くなる）、Milk turns.（ミルクが腐る）、(D)はA question hangs unanswered.（未解決の問題が覆いかぶさる）のように用いる必須語。

8. 〈正解〉 **(D)** raging 〈860レベル〉
〈訳〉 嵐が鳴り響いている間、市民会館に出席した人々は、誤解を生ま

ないように、自分たちの発言を繰り返し言わなければならなかった。
〈ポイント〉 文脈から「猛威を振るう」という意味のragingが正解。(A)はrake in money（荒稼ぎする）、(B)はrile him up（いらいらさせる）、(C)はreign over the people（民衆を統治する）、the reigning champion（現チャンピオン）、(D)はrage against them（彼らに激怒する）、The plague raged.（伝染病が猛威を振るった）のように用いる必須語。

9. 〈正解〉 **(B)** granted 〈900レベル〉
〈訳〉 労働者1人1人に決められた日額は不定期に見直されたが、マネジャーが昇給を認めることもあった。
〈ポイント〉 文脈から「与える、許可する」を表す意味のgrantedが正解。(B)はgrant a certificate（証明書を交付する）、grant an agreement（合意を認める）、(D)はmark a price（値段をつける）、marked decline（激しい減少）のように用いる必須語。

10. 〈正解〉 **(C)** fueled 〈860レベル〉
〈訳〉 その株価の急落は、その会社が敵対的買収の危機にさらされているのではないかという憶測をあおった。
〈ポイント〉 fuelには「（感情など）をあおる」という意味があり、fuel speculationで「憶測をあおる」となる。(A) hook up a computer（コンピュータを接続する）、(B) exercise wisdom（知恵を絞る）、exercise leadership（指導力を振るう）、(D) defy logic（理屈に合わない）のように使える。

★ TOEIC 満点 Get! 必須語根 最重要ランク5位★

★ nov は「新しい」－「イノベーション」は技術の向上
- □ in<u>nov</u>ate － in（とても）+ nov（新しい）→革新する、導入する
- □ <u>nov</u>elty －目新しさ、新しいもの、[複] 新案の商品
- □ <u>nov</u>ice －初心者、見習い
- □ re<u>nov</u>ate － re（再び）+ nov（新しくする）→新たにする、回復させる

★ dia は「通って」「横切って」「離れて」－「ダイアローグ」はお互いを横切って
- □ <u>dia</u>gnose － dia（〜を通って）+ gnosis（認識）→診断する
- □ <u>dia</u>gram － dia（〜を横切って）+ gram（線）→図、図形
- □ <u>dia</u>lect － dia（〜の間で）+ lect（言語）→方言
- □ <u>dia</u>meter － dia（〜を横切って）+ meter（寸法）→直径

★ flu は「流れる」－「フロー（風呂）」は水が流れてくる
- □ af<u>flu</u>ent － af（〜に）+ flu（流れる）→裕福な、豊富な
- □ <u>flu</u>ctuation － flu（流れる）→波動、動揺、変動
- □ super<u>flu</u>ous － super（越えて）+ flu（流れる）→余分の、余計な、あり余る
- □ in<u>flu</u>x － flu（流れる）→殺到、大量に流れ込む

★ here (heri) は「ひっつく」－あ！ドヒャー（adhere）とひっつく
- □ ad<u>here</u>nt － ad（〜の方へ）+ here（ひっついた）→信奉者、付着した
- □ in<u>here</u>nt － in（中に）+ here（ひっついた）→固有の
- □ <u>heri</u>tage －文化遺産、相続財産
- □ <u>here</u>ditary －遺伝(性)の、世襲の、代々の

皆さん、大変お疲れさまでした。これで文法、前置詞、派生語、一般語彙、多義語の大特訓は終了です。下の項目別スコア表を大いに活用し、第2回目、第3回目と、何回も問題を解いていきましょう。点数は1問1点で記入してください。点数を書き込む際にくやしい思いをしたり落ち込んでしまったりしたときも、どうかくじけずに辛抱強くこの大特訓を続けていきましょう。第4回、第5回とこの大特訓を繰り返せば、TOEICで満点および高得点をゲットするために必要な文法力、語彙力は必ず身についていきます。

各項目別スコア表 (1問1点)

	第2章 文法問題 大特訓	第3章 前置詞問題 大特訓	第4章 派生語問題 大特訓	第5章 一般語彙問題 大特訓	第6章 多義語問題 大特訓
第1回目	100点	50点	50点	50点	100点
第2回目	100点	50点	50点	50点	100点
第3回目	100点	50点	50点	50点	100点
第4回目	100点	50点	50点	50点	100点
第5回目	100点	50点	50点	50点	100点

それでは皆さん、最後に「ビジネスレター問題大特訓」に参りましょう。

Part 6
ビジネスレター編

第7章

ビジネスレター問題
大特訓

いよいよ最後はビジネスレター空所補充問題です。Part 6で満点や高得点を狙うには次の3つが大変重要です。まずはPart 5と同様、基礎がしっかりと身についた文法力。次に文脈を速く正しく把握できる能力（特に正しい接続詞や時制を選ぶ問題で必要）。そして、ビジネスレターに特有の重要必須表現をマスターすることです。

Part 6は全部で12問ですが、「1問くらい間違えても仕方ない」などと考えないように！　正答率から考えるとPart 5で3〜4問間違えてしまうのと同じことになります。Part 6でのミスはTOEIC満点や高得点を目指す人にとってまさに「命取り」となるのです。

そこでこの大特訓では、ビジネスレター表現を徹底的に鍛えることができるよう最重要必須表現を散りばめました。大特訓終了後は、間違った問題を復習するのはもちろんのこと、知らなかったビジネスレターの決まり文句やコロケーションはこの機会にチェックして確実に覚えてください。さらに大特訓⑤、⑥においては、追加で空所補充問題をさらに4つ増加し、まさに超「大特訓」の問題となっています。用意はいいですか？　では始めましょう。最後まで気をゆるめず頑張ってください！

レター空所補充問題大特訓①

Questions from 1-3 refer to the following email.

To: Melanie Gibson <melson1225@potmail.com>
From: Beautiful-Minx.com <service@beautiful-minx.com>
Date: April 28
Subject: Shipping Confirmation

Dear Ms. Gibson,

Your order was shipped on 28/04/2010 via overseas transport. We truly appreciate your patronage. If you want an exchange or refund, please fill out the Merchandise Return form on the back of your invoice and send it back to us with an original order receipt. In addition, all items need to be in sellable condition and have the price tags -------.

       1. (A) secure
        (B) fragile
        (C) tight
        (D) intact

Shipping and Handling charges are not refundable. Please allow 10-15 business days for us to receive your return and ------- your request, plus an additional 4 business days
  2. (A) access
    (B) progress
    (C) course
    (D) process

upon receipt for the return to be completed and the refund to

be ------- to your account.
- **3.** (A) deducted
  - (B) informed
  - (C) issued
  - (D) notified

As always, we stand behind the quality of our products. Should an item be found defective, we will accept the merchandise beyond the 30-day return policy.

Thank you for shopping with www.beautiful-minx.com.

Sincerely,
Beautiful-Minx Customer Service

第7章 ビジネスレター問題大特訓 273

解答&解説

問題1-3は次の E メールに関するものです。

ギブソン様

　ご注文品は2010年4月28日付けで国際宅配にて配送されました。ご注文いただきまして誠にありがとうございました。もし商品の交換や返金を希望される場合は、この送り状裏面の商品返品書にご記入いただき、注文受領書と一緒に返品いただきますようお願いいたします。また、商品は再度販売可能な状態で、価格タグも無傷の状態でお願いいたします。

　発送手数料は返金できません。お客様からの返品を受け取りましてその処理を行うのに、10日〜15営業日ほどかかります。さらに、返金の処理が完全に終了し、お客様の口座に返金が完了するにはさらに4日ほどかかります。

　当社は商品の品質においては確固たる自信を持っており、万一商品に欠陥が見つかった場合には、我が社の返品規定を超える30日を経過していても返品を受け付けております。

　この度は www.beautiful-minx.com をご利用いただきましてありがとうございました。

敬具
Beautiful-Minx カスタマーサービス

---

1. （A）安全な
　（B）壊れやすい
　（C）きつい
　（D）無傷の
〈正解〉　**(D)** intact　〈860レベル〉
〈ポイント〉　文脈より、「無傷の状態で」を表す intact が正解。have the price tag intact で「値札がもとの状態のままで、もとの状態を保つ」の意味。fragile は小包などに「壊れ物注

意！」の意味で書かれることも要チェック。

2. （A）アクセスする
   （B）前進する
   （C）走る、進む
   （D）処理する

〈正解〉　**(D)** process　〈730レベル〉

〈ポイント〉　process は動詞で「処理する」の意味があり、process an application「申し込みを処理する」のように言う。その他、progress a relationship「関係を進展させる」という表現もある。

3. （A）引き落とされる
   （B）知らされる
   （C）支給される、割り当てられる
   （D）通知される

〈正解〉　**(C)** issued　〈860レベル〉

〈ポイント〉　文脈より、「返金が完了し、返金金額がお客様の口座に振り込まれる」となるので、issued が正解。issue は動詞で「支給する」「発行する」「出版する」の意味がある他に、名詞で「問題」「定期刊行物の号」などの意味がある。issue a certificate「証明書を交付する」も TOEIC 最重要表現。

レター空所補充問題大特訓②

制限時間1分30秒

Questions 4-6 refer to the following advertisement.

From: Smart Office Supplies <SmartOfficeSupplies.Com>
Subject: Our Special Sale
Date: May 20

Dear Valued Customers,

Smart Office Supplies is delighted to announce that we will offer you a special sale to mark our 15th anniversary, starting on Tuesday, May 25 through Friday, May 28. We will also offer an incredible discount on our excellent office equipment and supplies, which can be purchased ------- 50-75% less

4. (A) with
   (B) at
   (C) under
   (D) on

than the regular price.

In addition, for the limited time from 2 p.m. to 4 p.m. on May 27, we will be proud to offer a clearance sale on genuine leather briefcases made from superb materials. We believe that ------- products would cost you five or six times more in

5. (A) comparative
   (B) comparable
   (C) compared
   (D) compatible

any other store. Enclosed is the special sale catalog and order sheets. Please check out our fantastic prices. We also enclosed a special discount coupon of $20.00 as a ------- to

6. (A) contract
(B) command
(C) concept
(D) compliment

our valued customers. This coupon is valid until the end of June. If you place an order for over $150.00, the shipping fee will be free of charge.

We thank you for your patronage, and hope that you find our special sale as exciting as we do.

Sincerely,
Smart Office Supplies

第7章　ビジネスレター問題大特訓　277

解答&解説

問題4-6は次の宣伝に関するものです。

> 大切なお客様へ
>
> 　この度、Smart Office Supplies は創業15周年を記念して、5月25日（火）から28日（金）まで特別セールを開催いたします。私どもの高品質なオフィス用品が通常価格のなんと50〜70％引きでご購入いただけます。
>
> 　さらに5月27日の午後2時から午後4時に限り、高品質素材で作られた本革の書類カバンの在庫一掃セールを行います。もし他店で同等価値の書類カバンをお求めになると、5倍から6倍の値段になるでしょう。この特別セールのカタログ、および注文書を同封いたしております。ぜひお早めに夢のような価格をチェックしていただきますようお願い申し上げます。日頃大変お世話になっているお客様には感謝を込めて、20ドルの商品クーポンも同封しています。こちらは6月末までご利用いただけます。150ドル以上のご注文の場合、送料は無料です。
>
> 　いつもごひいきを賜り誠にありがとうございます。ぜひこの特別セールをご利用ください。
>
> 敬具
> Smart Office Supplies

4. （A）with
　　（B）at
　　（C）under
　　（D）on

〈正解〉　**(B)** at　〈730レベル〉

〈ポイント〉　文脈は「通常価格の50〜70％引きの値段」の意味で、値段や価格を表す前置詞は at が正解となる。at reasonable prices「手頃な価格で」は TOEIC 頻出重要表現なので要

チェック。

5. （A）相対的な
   （B）同じ価値を持つ
   （C）比較した
   （D）相性のよい、互換性のある

〈正解〉 **(B)** comparable 〈950レベル〉

〈ポイント〉 文脈より、「他店で同等の（同じ価値のある）商品を購入する場合は、値段が5～6倍高くなる」にあてはまる comparable が正解。comparable は「同等の、同じ価値を持つ」を表す。comparative「相対的な、比較の」と間違わないように注意。

6. （A）契約
   （B）命令
   （C）概念
   （D）感謝の気持ち、挨拶

〈正解〉 **(D)** compliment 〈860レベル〉

〈ポイント〉 文脈より、「大切なお客様への感謝の気持ちを表して」にあてはまる compliment が正解。compliment には「感謝の気持ち、尊敬」の意味がある。complimentary（形容詞）「無料の、サービスの」は TOEIC 必須最重要単語。

レター空所補充問題大特訓③

Questions 7-9 refer to the following classified ad.

TMJ Inc, is a premier sales and marketing firm based in Los Angeles. We are currently recruiting motivated and career- ------- individuals to fill entry-level sales and marketing

7. (A) directed
　(B) inclined
　(C) selected
　(D) oriented

positions. This job entails face-to-face sales and customer services to new and ------- business clients.

8. (A) presenting
　(B) existing
　(C) processing
　(D) ongoing

We provide full hands-on training opportunities for career advancement in this globally expanding industry. Promotions and remunerations are based on individual performance.

The perfect candidate must possess enthusiasm, a strong work ethic, and willingness to learn. We also value great people skills, resourcefulness, and integrity.

For ------- consideration, please email your resume to

9. (A) immediate
　(B) brief
　(C) rapid
　(D) instant

tmj@sandy.com or contact Sandy Nelson at 213-226-9192.

解答&解説

問題7-9は次の広告に関するものです。

> 　わがTMJ社はロサンゼルスを拠点に販売とマーケティングを行う一流企業です。現在、初歩レベルの販売およびマーケティング部門でやる気のあるキャリア指向の新入社員を募集しています。職務は新規、既存顧客への対面営業およびカスタマーサービスとなります。
> 　わが社は、この世界的に躍進を続ける業界でのキャリアアップにつながる完全な実地訓練を提供いたします。昇進、給与は営業成績に基づきます。
> 　最適な候補者は情熱、強い勤労意欲、そして絶えず学習したいと思う気持ちを兼ね備えていなくてはなりません。同時にわが社は、ハイレベルな対人能力、機転の利く問題処理能力、誠実さを持つ人材を大いに評価いたします。
> 　すぐに応募される方は履歴書を tmj@sandy.com までお送りいただくか、Sandy Nelson（213-226-9192）までご連絡をお待ちしています。

7. （A）向けられた
　（B）傾向にある
　（C）選ばれた
　（D）〜指向の

〈正解〉　（D）oriented　〈860レベル〉

〈ポイント〉　career-oriented は「キャリア指向の」を表す TOEIC 必須重要表現。profit-oriented business なら「営利を目的とするビジネス」。be inclined to do は「〜する傾向がある」の意味。

8. （A）示している、述べている
　（B）既存の、現在の
　（C）処理中の、手続き中の
　（D）継続中の、進行中の

〈正解〉 **(B)** existing 〈860レベル〉
〈ポイント〉 existing clients［customers］「既存客、得意客」はTOEIC 頻出最重要表現なので要チェック！ ongoing recession は「現在継続中の経済不況」の意味。

9. (A) 迅速な
   (B) 簡潔な
   (C) 急速な
   (D) 即時の
〈正解〉 **(A)** immediate 〈950レベル〉
〈ポイント〉 選択肢はどれも早さ［速さ］を表すが、consideration を修飾して「迅速な検討」を表すのは immediate が正解。immediate［prompt］consideration は、このような求人広告などの最後に頻繁に使われる最重要頻出ビジネスレター表現。

レター空所補充問題大特訓④

Questions 10-12 refer to the following email.

To: Chris Gilmore
From: Meet-Screenwriters.com
Date: April 22
Subject: special event

Dear Mr. Gilmore,

Meet-Screenwriters.com cordially invites you to attend a special event with guest speaker Tim Taylor, a top screenwriter and director, whose films have earned more than a billion dollars worldwide. While still in film school, Taylor sold an original script to Warry Bros. Taylor's other ------- include *Summer Breeze* and *Incredible Two*, which he

10. (A) benefits
　　　(B) advantages
　　　(C) interests
　　　(D) credits

also produced. He is also a highly sought-after film editor. *Fierce Angel*, one of his works, is currently running at nationwide theaters.

Meet-Screenwriters.com, ------- in 2001, helps aspiring

11. (A) found
　　　(B) was founded
　　　(C) has founded
　　　(D) founded

writers reach the highest levels of achievement in the film industry by offering valuable workshops and seminars in which they acquire marketable skills in screenwriting with professionals of the highest -------, and by providing opportunities for networking with world-famous, leading screenwriters and film directors.

12. (A) knack
    (B) capacity
    (C) caliber
    (D) figure

Sincerely,
Meet-Screenwriters.com

284

> 解答&解説

問題10-12は次の E メールに関するものです。

ギルモア様

　Meet-Screenwriters.com より、この度著名な脚本家・ディレクターであるトム・テイラー氏を迎えての特別イベントにご招待いたします。テイラー氏脚本の映画は世界中で10億ドル以上の興行収入を上げています。彼はまだ映画学校にいた頃、ワーリー・ブラザーズ社に自分で書いたオリジナル原稿が採用されたことがあります。テイラー氏の他の業績として、『Summer Breeze』や『Incredible Two』があり、これらはプロデュースも手がけています。また彼は売れっ子の映像編集者でもあり、その中の1つ『Fierce Angel』は全国の劇場にて現在公開中です。

　2001年に設立された Meet-Screenwriters.com は、卓越したプロたちから直接、脚本に必要な優れた技術を得るため、有意義なワークショップやセミナーを開催したり、また、世界的に有名で一流の脚本家や映画ディレクターとのネットワークを築くチャンスを与えることにより、やる気のあるライターたちが映画業界の最高レベルに到達できるようサポートしています。

敬具
Meet-Screenwriters.com

---

10. (A) 利益
　　(B) 長所、利点
　　(C) 金利、興味
　　(D) 業績

〈正解〉　**(D)** credits 〈860レベル〉

〈ポイント〉　credit には「信用取引」「口座の残高」「評判」など、多くの意味があるが、ここでは「功績、業績」があてはまる。interest rate「利率」、benefits package「福利厚生」は

第7章 ビジネスレター問題大特訓

TOEIC最重要頻出表現なので要チェック。

11. （A）〜を設立する
    （B）設立された
    （C）〜を設立した
    （D）設立された

〈正解〉 **(D)** founded 〈730レベル〉

〈ポイント〉 動詞found「設立する」の文中での形を問う問題。文脈から「2001年に設立された」となり、正解はfoundの過去分詞foundedとなる。

12. （A）こつ、わざ
    （B）能力、資格
    （C）力量、技能
    （D）数字、人物

〈正解〉 **(C)** caliber 〈950レベル〉

〈ポイント〉 文脈の「優れた技能を持つ」を表すcaliberが正解となる。**a person of high caliber**で「優れた、高度な技能を持つ人物」を意味し、このような高い技術や能力などを表す重要表現。**high-profile figure**で「有名な、知名度の高い人物」。

さて皆さんいかがですか。レベルの高い問題で構成されているレター空所補充問題はチャレンジングですか。それでは最後の2題は、さらに負荷を少しUPした大特訓を受けていただきましょう。空所がさらに4個ありますので、それらも文脈と語彙力で解いてみてください。それでは次の問題にチャレンジ！

レター空所補充問題大特訓⑤（ワンランクUP）

Questions from 13-15 and A-D refer to the following letter. The alternatives for A-D are in the box below.

Dear Mr. Howard:

We have received your letter of June 25, requesting an extension of the deadline of your payment. We are fully aware of your difficult situation. However, we are ------- unable to (A) with your

13. (A) significantly
(B) regrettably
(C) prematurely
(D) shamefully

request. Although we (B) you an extension of payment last year, we cannot afford your overdue payment again.

If you are unable to (C) the outstanding balance of $1,000.00, please make a partial payment of $500.00, which is equivalent to 50% of the total payment. Please pay the remaining half by the end of June. Otherwise, we will have no choice but to (D) your ------- account to our attorney for forced collection.

14. (A) brisk
(B) volatile
(C) excessive
(D) delinquent

We have established a long-standing business relationship since 1995, therefore, we hope that you will manage to ------- your

15. (A) operate
(B) conduct
(C) fulfill
(D) perform

financial obligations without any further delay of payment.

Sincerely,
David Anderson

grant, clear, comply, refer
（動詞はすべて原形で示しています）

解答&解説

問題13-15と(A)-(D)は次の手紙に関するものです。(A)-(D)の選択肢は下のボックスにあります。

ハワード様

　6月25日付けの支払い期限延長を求めるお手紙を受け取りました。ハワード様の厳しい状況は把握しております。しかしながら、ご要望に応えることができません。弊社は昨年すでに支払い期限の延長を認めましたが、再び期限の延長は致しかねます。

　もし未払い額の1,000ドルが完済できない場合は、その50％にあたる500ドルだけでもお支払い願います。そして6月末までに残り半分をお支払いください。さもなければ、強制回収のため滞納未払勘定を弊社弁護士に委託せざるを得ません。

　御社と弊社は1995年以来、長期に渡り商取引を行ってきました。それ故に、これ以上の延滞なしに御社の財務義務を果たされますことを望みます。

敬具
デイビッド・アンダーソン

〈空欄(A)〜(D)の解答〉

(A) comply　(B) granted　(C) clear　(D) refer

13. (A) かなり、著しく
    (B) 残念ながら
    (C) 時期尚早に
    (D) 恥ずかしくも

〈正解〉　**(B)** regrettably　〈860レベル〉

〈ポイント〉　文脈より「残念ながら要望に応えられない」にあてはまる、regrettably が正解。regrettably は unfortunately「残

念ながら」と並んでビジネス文書でよく使われる重要表現。significantly は、contribute significantly to the company「その会社に大いに貢献する」のように使われる。

14. (A) 活発な
    (B) 気まぐれな
    (C) 過度の
    (D) 法律違反の、滞納の
〈正解〉 **(D)** delinquent 〈950レベル〉
〈ポイント〉 delinquent には「非行の、罪を犯した」の意味と「滞納の、未済の」の意味とがある。delinquent [outstanding] account「未払い勘定」は TOEIC 頻出最重要表現。brisk sales は「好調な売れ行き」。

15. (A) 操作する
    (B) 行う、実施する
    (C) 果たす
    (D) 行う、演ずる
〈正解〉 **(C)** fulfill 〈730レベル〉
〈ポイント〉 文脈より、「財務義務を果たす、遂げる」にあてはまる fulfill が正解。fulfill responsibility「責任を果たす」は TOEIC 頻出最重要表現。

レター空所補充問題大特訓⑥
（ワンランク UP）

Questions from 16-18 and A-D refer to the following notice. The alternatives for A-D are in the box below.

To All Employees:

This is another (　A　) that all employees are required to wear protective headgear at all times on the factory floor. As we made the (　B　) of the manufacturing facilities the other day, we found several workers still engaged in their duty without wearing helmets. It is very unfortunate that stringent (　C　) of our safety regulations has yet to be fully carried out. It is mandatory for all employees to wear hard-hats on duty in the factory. Thus urgent countermeasures must be ------- to remedy the situation. The company

16. (A) decided
    (B) revised
    (C) prepared
    (D) implemented

would be ------- liable if any worker should be injured or

17. (A) held
    (B) taken
    (C) stood
    (D) kept

involved in a fatal accident without being appropriately protected.

To enhance employees' (D) about the importance of their safety and the ------- well-being of the corporation, we

18. (A) selective
(B) positive
(C) collective
(D) exclusive

are planning to hold a workshop all workers are required to attend. You will be updated on any details as soon as they have been worked out. Please contact Ms. Leona Evans, General Affairs Department (ext. 268) should you have further questions.

Regards,

Michael Jonesville
General Affairs Department

observance, reminder, rounds, awareness

解答&解説

問題16-18と(A)-(D)は次の通知に関するものです。(A)-(D)の選択肢は下のボックスにあります。

社員の皆様

　わが社の全社員は、工場内では必ずヘルメットを着用することが義務づけられていることを再度お知らせします。先日の工場内見回りの際に、まだ数名の社員がヘルメットの着用なしに作業しているところを目撃されています。わが社の安全規定がまだ完全に守られていないことは大変遺憾であります。全従業員は工場内での仕事に従事の際は、ヘルメット着用が義務づけられており、再びこのようなことが起こらぬよう、緊急な対策を講じる必要があります。万が一、従業員が適切な防御をしないで怪我や致命的な事故に見舞われても、それは会社側の責任となります。

　個人および、会社全体としての安全や健康の重要性に対する意識を高めるため、現在ワークショップの開催を計画中で、これは全社員出席となります。詳細が決まり次第またご連絡いたします。もしご質問などありましたら総務部のLeona Evans氏（内線268）までご連絡願います。

敬具
マイケル・ジョーンズビル
総務部

〈空欄(A)〜(D)の解答〉

(A) reminder　　(B) rounds　　(C) observance　　(D) awareness

16. (A) 決定される
    (B) 改訂される
    (C) 準備される

（D）実行される
〈正解〉（**D**）implemented　〈950レベル〉
〈ポイント〉　文脈より、「緊急な対策が講じられる必要がある」の意味にあてはまるのは、implement「実施する、実行する」である。take countermeasures で「対策を講じる」を意味し、take の他に implement, adopt などの動詞が使われる。

17.（A）hold の過去分詞
　　（B）take の過去分詞
　　（C）stand の過去分詞
　　（D）keep の過去分詞

〈正解〉（**A**）held　〈860レベル〉
〈ポイント〉　「hold 人 liable for ～」で「人に～の責任をとらせる」の意味。文脈は「会社側が責任を負うことになる」なので過去分詞 held が正解となる。また、take responsibility for ～で「～の責任をとる」を表す。

18.（A）好みがうるさい
　　（B）前向きな
　　（C）皆で共有の、全体の
　　（D）限定の、独占の
〈正解〉（**C**）collective　〈950レベル〉
〈ポイント〉　文脈より、well-being「満足な状態、福利厚生」を修飾するのは、collective「共同の、総体の」である。selective about food で「食べる物にうるさい」、exclusive interview で「独占インタビュー」を表す。

さて皆さんいかがでしたか。本当に最後まで頑張ってくださってありがとうございました。一般の TOEIC 対策書が、難問も簡単な問題も混じり、平均して600点レベルの問題になっているのに対して、本書はほとんどが負荷の高いチャレンジングな問題ばかりで構成され、平均して800点レベル以上の問題集となっています。自信をなくした方もいらっしゃるかもしれませんが、そこはポジティブシンキングで、だからこそ学習効率が高くてためになると捉えてください。あとは、問題の解説だけでなく、コラムや他の選択肢のコロケーションなども勉強しながら再チャレンジし、p.266の各項目別のスコア表に得点を記入して、スコアUP を目指しましょう。そして、スコアの悪かった自分の苦手な項目は、特に何度も復習して必ずマスターしましょう。

それでは皆さん、明日に向かって、

Let's enjoy the process!　（陽は必ず昇る！）

●著者略歴●

植田　一三（うえだ・いちぞう）

英語のプロ・達人養成機関Aquaries School of Communication学長。比較言語文化コミュニケーション研究所所長、洋画英語・翻訳研究学会会長、日本文化研究・通訳ガイド連盟会長。ノースウェスタン大学院コミュニケーション学部修了後、テキサス大学院博士課程在学中に、異文化間コミュニケーションを1年間指導。Let's enjoy the process!（陽は必ず昇る！）をモットーに、英検1級合格者を1300人以上，TOEIC満点990点突破者を40名以上輩出。主な著書に、『CD BOOK TOEIC® TESTこれ1冊で990点満点』（明日香出版社、共著）、『英語で説明する日本の文化』（語研）、『TOEIC TEST スーパーボキャブラリービルディング CD BOOK』（ベレ出版）、『Global Dynamics 世界情勢を英語で読む』（CENGAGE Learning）などがあり、そのうち8冊は中国、韓国、台湾、マカオ、シンガポールなどで翻訳されている。

石井　隆之（いしい・たかゆき）

近畿大学総合社会学部教授、清光教育総合研究所言語学研究主任、言語文化学会会長、通訳ガイド研究会会長、英語通訳案内士一発合格塾塾長。主な著書に『CD BOOK TOEIC® TESTこれ1冊で990点満点』（明日香出版社、共著）、『英文ライティングの法則178』（明日香出版社）、『日本の宗教の知識と英語を身につける』（ベレ出版）、『あなたの魅力を伝える面接の英語』（三修社）など。

───── ご意見をお寄せください ─────
ご愛読いただきありがとうございました。本書の読後感想・ご意見等を愛読者カードにてお寄せください。また、読んでみたいテーマがございましたら積極的にお知らせください。今後の出版に反映させていただきます。
☎ (03) 5395-7651
FAX (03) 5395-7654
mail：asukaweb@asuka-g.co.jp

TOEIC® TEST 990点満点英文法・語彙

2010年11月19日　初版発行

著　者　植田　一三
　　　　石井　隆之

発行者　石野　栄一

〒112-0005　東京都文京区水道2-11-5
電話(03)5395-7650(代　表)
　　 (03)5395-7654(FAX)
郵便振替00150-6-183481
http://www.asuka-g.co.jp

明日香出版社

■スタッフ■　編集　早川朋子／藤田知子／小野田幸子／金本智恵／末吉喜美／久松圭祐
営業　小林勝／浜田充弘／渡辺久夫／奥本達哉／平戸基之／野口優／横尾一樹／後藤和歌子
大阪支店　梅崎潤　M部　古川創一　経営企画室　落合絵美　経理　藤本さやか

印　刷　株式会社東京研文社
製　本　根本製本株式会社
ISBN978-4-7569-1418-7　C2082

乱丁本・落丁本はお取り替えいたします。
©Ueda & Ishii　2010　Printed in Japan
編集担当　小野田幸子

最強の資格5冠
（英検1級・通訳ガイド・TOEIC990点・工業英検1級・国連英検特A）突破専門校

Ichy Ueda 学長
Aquaries School of Communication

TOEIC満点突破講座（通学・通信）
- 満点が取れるテストテイキングスキルを伝授！
- 何度受けても満点が取れるように英語の実力をUP！
- 問題対策を通して、英語の発信力をUPさせるためのプログラム！

英検1級1次・2次試験突破&TOEIC満点突破集中講座（通学・通信）

英検1級指導研究28年の実績！最強のカリキュラム教材&講師陣で優秀合格者全国No.1！

英検準1級1次・2次&TOEIC 860点突破集中講座（通学・通信）

最短距離で準1級&TOEIC 860点をGETし、英語のスキル&キャリアワンランクUP！

通訳案内士試験合格集中対策講座（通学・通信）

少人数制&個別添削指導&カウンセリングと毎回の模擬試験によって確実に実力を身につけ合格を徹底サポート！

工業英検1級突破対策集中講座

超効果的スキルUPプログラム&少人数制レッスンによって、工業英検1級合格者数全国第1位！

国連英検特A級突破集中講座（通学・通信）

少人数制の個別添削方式で通訳力と世界情勢の知識を最短距離でUPさせ超難関試験を突破！

最強の資格5冠突破本

☆詳しくはホームページをご覧下さい。
http://www.ies-school.co.jp/　　e-mail: info@aquaries-school.com

※ お問い合わせ、お申し込みはフリーダイヤル 0120-858-994（えいごは ここよ）

Ichy Ueda学長 Aquaries（アクエアリーズ） School of Communication

〒530-0014 大阪市北区鶴野町4　A-709　　TEL 06-6371-3608
〒151-0053 東京都渋谷区代々木2-15-12　クランツ南新宿1階
　　　　　　　　　　　　　　　　　　　　TEL0120-858-994
〒670-0053 姫路市南車崎1-1-24　　　　　TEL 079-298-1708

CD BOOK フォニックス＜発音＞トレーニングBOOK

ジュミック今井

フォニックスはもともと英語圏の子供たちが文字を読むことができるように開発された指導法です。英語のスペルから発音のルール、また逆に音からスペルを学んでいける方法。今までのような発音トレーニングとは違い、いろんな単語を、楽しくリズムに乗せて練習しましょう。CDはまるで今井先生の個別授業を受けているかのようなライブ感です！

定価（税込）1575円
A5並製　252ページ
ISBN4-7569-0844-6
2005/02発行

CD BOOK 実践フォニックス＜会話＞トレーニングBOOK

ジュミック今井

フォニックスを会話でも生かして、かっこいい英語を話せるようになってみませんか？　発音しにくいカタカナ英語、センテンス、ダイアログ…と、練習用の例文を豊富に揃えました。
もっと流暢な発音できちんと話したい方に必須の書籍です！

定価（税込）1680円
A5並製　208ページ
ISBN4-7569-0947-7
2006/01発行

英文ライティングの法則178

石井隆之

資格試験・ビジネス・研究発表を成功させるための英文を書く技術！最近非常に重視されてきている「ライティング」のための総合的英語能力を高めるための本。あなたの「語彙力」「論理力」「文法力」をさらにUPさせて、TOEFL・英検・TOEIC／ビジネスレター・Eメール／英語論文で、効果的な英文を書くスキルを身につけよう。

定価（税込）1995円
A5並製 352ページ
ISBN978-4-7569-1124-7
2007/10発行

CD BOOK 英会話フレーズブック

多岐川恵理

英語中級者・上級者ほど、何気なく日本語で思ったことを「ああ、これって英語でなんて言うんだろう？」と悩むことが多くなるもの。そんな「言えそうで言えない」フレーズを盛り込みました。日本語を読むだけで「この表現、使ってみたい！」と思ってしまう表現が満載です。
CD 3枚付き（日本語→英語）。
大好評発売中！！！

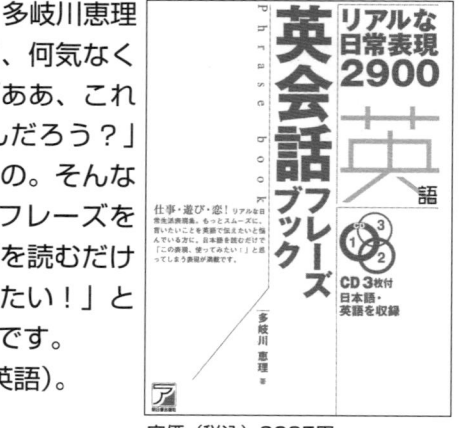

定価（税込）2625円
B6変型 384ページ
ISBN978-4-7569-1110-0
2007/08発行

語源とイラストで一気に覚える英単語

監修：ウィリアム・カリー　著者：清水 建二
「語源」で単語を覚えることが注目を集めています。本書では、特に語源のイメージをつかみやすい単語を中心にセレクト。語源の意味を連想させるイラストによって、丸暗記ではなくビジュアルでイメージをつかめます。2色刷り、赤シートつき。

定価（税込）1680円
A5並製　256ページ
ISBN4-7569-0683-4
2003/10発行

HYPER 語源とイラストで一気に覚える英単語

監修：ウィリアム・カリー　著者：清水 建二
『語源とイラストで一気に覚える英単語』上級編。TOEIC860点レベルをめざす方へ。前書で取り上げた語根・単語もきちんと補足してあるので、初めて手にとってくださった方にも、前書をお持ちの方にもオススメ！

定価（税込）1785円
A5並製　256ページ
ISBN4-7569-0735-0
2004/03発行

明日香出版社の TOEIC® TEST 対策シリーズ

CD BOOK 新・はじめて受ける TOEIC® TEST

中川　昭

「TOEIC って何？　各パートの解き方は？」あなたの疑問にきちんと答えます。これから TOEIC を受けようとする人や、TOEIC の勉強の仕方に悩んでいる初心者の方向けの入門書。練習問題とやさしい解説で、TOEIC のことが楽しくわかります！

定価（税込）1890 円　A5 並製　288 ページ
ISBN4-7569-1000-9　2006/08 発行

はじめて受ける TOEIC® TEST リーディング

中川昭 / 山口修

本書では、パート7に的をしぼり、すばやく正確に問題を解くコツを簡潔に解説します。長文読解問題のジャンル別に、問題をわかりやすく解説していきます。
今まで「パート7はお手上げで、適当にマークをつけていた」というあなたも、これなら大丈夫！！

定価（税込）1575 円　A5 並製　248 ページ
ISBN978-4-7569-1091-2　2007/06 発行

TOEIC® TEST 英文法集中セミナー

中川　昭 / ローレンス・テイラー / 次田 憲和

大学の授業でも人気の中川先生が、TOEIC の出題ポイントを簡潔にまとめました。豊富な練習問題と、英文法が苦手な方でも読めるわかりやすい解説つき。
授業を受けているように楽しく学べます！

定価（税込）1680 円　A5 並製　232 ページ
ISBN978-4-7569-1318-0　2009/8 発行

ビジネス英語のスキルが TOEIC のスコア UP の秘訣！

CD BOOK 外資系でやっていける英語が身につく

監修：石井隆之　　著者：柴山かつの

経験豊富なビジネス通訳によるビジネス英語書。ビジネスシーンの即戦力になる英語力が身につきます。自己紹介や接待、会社説明、クレーム、プレゼン等、すぐに使える会話表現や語彙、さらに文化の違いまで学べます。

定価（税込）2100円　A5並製　272ページ
ISBN4-7569-0672-9　2003/09 発行

CD BOOK 外資系の英語ビジネスミーティング

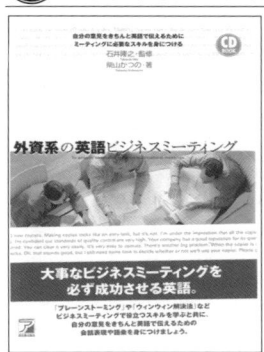

監修：石井隆之　　著者：柴山かつの

多国籍の人が集まる会話（ビジネスミーティング）において、自分の意見を英語できちんと言える英語力を身につけるための本。すぐ使える語彙や表現がいっぱいです。日本と外国との文化・発想の違いについても学びましょう。

定価（税込）2100円　A5並製　288ページ
ISBN4-7569-0786-5　2004/08 発行

CD BOOK 外資系の英語プレゼンテーション

著者：浅見ベートーベン

英語でのプレゼンテーションというと、緊張してしまうもの。でも、ルールに基づいた資料作成、せりふの練習、決まり文句、それに Q&A 対策をきちんとしておけば、ネイティブの前でのプレゼンにも自信を持って臨めます。

定価（税込）2310円　A5並製　208ページ
ISBN4-7569-0921-3　2005/10 発行

明日香出版社の TOEIC® TEST 対策シリーズ

短期集中講座！TOEIC® TEST リスニング

監修：植田一三　著者：柴山かつの

新 TOEIC になって、リスニングが難しいと感じた人が多いようです。本書では、リスニングパートをパターン別に問題分析。TOEIC の出題傾向に沿った練習問題と模擬試験で、確実にスコアアップ！　CD には、本番の TOEIC と同じく、アメリカ・カナダ・イギリス・オーストラリア人の英語を収録しています。

定価（税込）2310円　A5 並製　328 ページ
ISBN4-7569-0979-5　2006/04 発行

短期集中講座！TOEIC® TEST 英文法

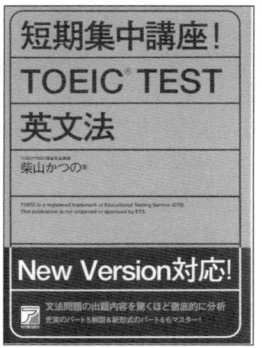

柴山かつの

新 TOEIC の文法問題は、Part 5 はこれまでと同じ問題形式ですが、Part 6 は全く新しい形式になりました。本書では、新しい Part 6 もきちんと解説するのはもちろん、最近とみに出題頻度が高くなっている「語彙問題」用の問題も充実させました。これで確実に短期間でのスコアアップは間違いなし！

定価（税込）1890円　A5 並製　288 ページ
ISBN4-7569-1040-8　2006/12 発行

新・直前に解く！TOEIC® TEST 模擬試験集

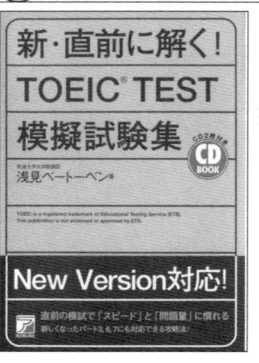

浅見ベートーベン

はじめて受ける人や TOEIC に慣れていない人がぶっつけ本番で解くのと、直前に模擬問題を解いて「スピードと問題量」に慣れておくのとでは、スコアが 100 〜 150 点違います。新しくなったパート 3, 6, 7 にもしっかり対応できる攻略法。

定価（税込）1995円　A5 並製　440 ページ
ISBN978-4-7569-1085-1　2007/05 発行

明日香出版社の TOEIC® TEST 対策シリーズ

CD BOOK 短期集中講座！TOEIC® TEST リスニング 4 カ国語発音

柴山　かつの

新 TOEIC リスニングは「アメリカ・カナダ・イギリス・オーストラリア英語」で読まれるため、難しいと感じる人が多いようです。聞き慣れない英・豪の英語にも対応できるよう、試験前にしっかり耳慣らししましょう！　本書の「聞き取りのポイント」を活用して、各パートの練習問題にチャレンジしてください。

定価（税込）1680 円　A5 並製　200 ページ
ISBN978-4-7569-1117-9　2007/09 発行

短期集中講座！TOEIC® TEST リーディング

柴山　かつの

TOEIC のパート 7（読解問題）が苦手、というあなたに！　パート 7 に的をしぼり、すばやく正確に問題を解くコツを解説します。問題のパターン別にトレーニング。短期間でリーディング問題を解くコツがわかります。最後にミニ模擬試験を解いて、問題量・時間配分の感覚をつかみましょう！

定価（税込）1785 円　A5 並製　256 ページ
ISBN978-4-7569-1227-5　2008/09 発行

CD BOOK TOEIC® TEST によく出る レベル順英単語 2000

晴山　陽一

忙しい人のための必須 TOEIC 単語集！ TOEIC によく出る単語を、600 点レベル/730 点レベル/860 点レベルに分け、さらに「経済」「医学」などのジャンルで分類しました。CD は、フレーズを「日本語→英語」の順に収録。通勤・通学の電車やジョギングの最中など、テキストなしで英単語が覚えられます！

定価（税込）1995 円　B6 変型　248 ページ
ISBN4-7569-0954-X　2006/02 発行

TOEIC990点満点、全国1位！石井辰哉先生のロングセラーTOEIC書

TOEIC® TEST 文法完全攻略

石井　辰哉

TOEIC990点、全国1位の著者が、TOEICに必要な文法を1から丁寧に解説。文法力が確実に身につくよう、随所に工夫が凝らされています。また、例文には厳選したTOEIC必須単語を盛り込んであるので、単語も同時に身につきます。
さらに、覚えた文法・単語がそのままにならないよう、和訳・英訳問題でしっかり復習。和訳・英訳の例文は少し難しめの構造になっており、読解に必要な文章分析力もブラッシュアップが可能です。
TOEIC受験者十数万人が読んだ、英文法書のロングセラー！

定価（税込）1680円　A5並製　384ページ
ISBN4-7569-0149-2　1998/12 発行

1日前にやる 新TOEIC® TEST 直前ガイド＋模試

石井　辰哉

TOEICの神様、石井先生が新TOEICの概要・各パート解説・旧TOEICとの違いなどをわかりやすく解説！　模擬試験つきで、受験直前にTOEICのリハーサルができます。
この本で腕だめしして、本番で焦らず100％の力を出せるように頑張ってください。

定価（税込）1575円　A5並製　288ページ
ISBN4-7569-0969-8　2006/06 発行